T0209475

essentials

essentials liefern aktuelles Wissen in konzentrierter Form. Die Essenz dessen, worauf es als „State-of-the-Art" in der gegenwärtigen Fachdiskussion oder in der Praxis ankommt. *essentials* informieren schnell, unkompliziert und verständlich

- als Einführung in ein aktuelles Thema aus Ihrem Fachgebiet
- als Einstieg in ein für Sie noch unbekanntes Themenfeld
- als Einblick, um zum Thema mitreden zu können

Die Bücher in elektronischer und gedruckter Form bringen das Fachwissen von Springerautor*innen kompakt zur Darstellung. Sie sind besonders für die Nutzung als eBook auf Tablet-PCs, eBook-Readern und Smartphones geeignet. *essentials* sind Wissensbausteine aus den Wirtschafts-, Sozial- und Geisteswissenschaften, aus Technik und Naturwissenschaften sowie aus Medizin, Psychologie und Gesundheitsberufen. Von renommierten Autor*innen aller Springer-Verlagsmarken.

Weitere Bände in der Reihe https://link.springer.com/bookseries/13088

Gerd Niklas Köster

Projektentwicklung von Immobilien

Grundlagenwissen und Handlungsempfehlungen

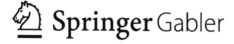 Springer Gabler

Gerd Niklas Köster
Hamburg, Deutschland

ISSN 2197-6708   ISSN 2197-6716 (electronic)
essentials
ISBN 978-3-658-35875-4   ISBN 978-3-658-35876-1 (eBook)
https://doi.org/10.1007/978-3-658-35876-1

Die Deutsche Nationalbibliothek verzeichnet diese Publikation in der Deutschen Nationalbiblio-
grafie; detaillierte bibliografische Daten sind im Internet über http://dnb.d-nb.de abrufbar.

Planung/Lektorat: Carina Reibold
Springer Gabler ist ein Imprint der eingetragenen Gesellschaft Springer Fachmedien Wiesbaden
GmbH und ist ein Teil von Springer Nature.
Die Anschrift der Gesellschaft ist: Abraham-Lincoln-Str. 46, 65189 Wiesbaden, Germany

Was Sie in diesem *essential* finden können

- Eine Einführung in die wesentlichen Kernelemente der Immobilien-Projektentwicklung.
- Definitionen und Erklärungen von grundlegenden Begrifflichkeiten im Kontext der Immobilien-Projektentwicklung.
- Die Darstellung von Projektentwicklungsprozessen und den damit verbundenen strategischen Modellen.
- Ein Vergleich zwischen theoretischen Ansätzen und praktischen Erfahrungen.
- Eine Zukunftsperspektive für das Tätigkeitsfeld der Immobilien-Projektentwicklung in Deutschland.

Vorwort

Das Handlungsfeld der Immobilien-Projektentwicklung hat in den letzten Jahren an Bedeutung gewonnen. Die Transformation unserer gebauten Umwelt sowie die steigende Investorennachfrage nach Immobilien haben diese Entwicklung beschleunigt. Die Idee zu diesem *essential* ist während meiner Tätigkeit an der Hochschule Fresenius, am Standort Hamburg, entstanden. Der wesentliche Erkenntnisgewinn beruht auf der Durchführung von Lehrveranstaltungen und Fallstudien im Studiengang Immobilienwirtschaft.

Ein weiterer Erkenntnisgewinn gründet auf meiner jahrelangen Tätigkeit in unterschiedlichen Projektentwicklungsunternehmen der deutschen Immobilienwirtschaft. Ergänzt wird das hier vorliegende Werk durch die Verarbeitung wissenschaftlicher Literatur. Jedoch ist die Projektentwicklung von Immobilien in der Wissenschaft bis heute kaum erforscht. Dies ist insbesondere ihrem hohen Praxisbezug geschuldet. Angesichts ihrer vielen Schnittpunkte zu unterschiedlichen Fachdisziplinen, stellt sie eines der interdisziplinärsten Handlungsfelder überhaupt dar. Damit bietet sie ein Tätigkeitsfeld für viele Akteure aus den unterschiedlichsten Fachdisziplinen. Insofern möchte dieses *essential* sowohl Einsteigern, Quereinsteigern als auch Studenten das wichtigste Grundlagenwissen zur Immobilien-Projektentwicklung vermitteln.

Mein besonderer Dank gilt dem Springer-Verlag, welcher es mir ermöglichte, diesen Beitrag zu meinem Forschungsgebiet zu publizieren. Mein zusätzlicher Dank gilt all meinen Studierenden, die mich tagtäglich durch ihre Praxisprojekte, Hausarbeiten und Abschlussarbeiten mit neuen Erkenntnissen inspirieren. Des Weiteren danke ich hiermit allen meinen ehemaligen Arbeitgebern, die das notwendige Fachwissen für dieses Buch uneingeschränkt an mich weitergaben.

Ein abschließender Dank gilt all meinen Freunden, Arbeitskollegen und schlussendlich meiner Familie. Ohne eure uneingeschränkte Unterstützung bei mutigen Entscheidungen, wäre dieses Buch nie zustande gekommen.

Prof. Dr. Gerd Niklas Köster

Inhaltsverzeichnis

Über den Autor

Prof. Dr. Gerd Niklas Köster
Studiendekan Immobilienwirtschaft
Hochschule Fresenius Hamburg
Alte Rabenstraße 1
20148 Hamburg
niklas.koester@hs-fresenius.de

Einleitung

1

Die Projektentwicklung von Immobilien wird wesentlich beeinflusst durch die positiven Entwicklungen auf dem deutschen Immobilienmarkt. Institutionelle Investoren haben ihr Anlageprofil angepasst und investieren zunehmend in Immobilien. Gleichzeitig führen Megatrends, wie die Urbanisierung und der Strukturwandel zur Verschiebung der Flächennachfrage. Der Anspruch an die Qualität von Immobilien und Standorten ist in den letzten Jahren stark gestiegen. Viele alte Gebäude entsprechen nicht mehr den Anforderungen unserer neuen Generation. In den Städten herrscht Wohnungsmangel, auf dem Land oftmals Leerstand. Die Digitalisierung und der zunehmende Onlinehandel stellen viele Einzelhandelsimmobilien infrage. Anstatt weitere Shoppingcenter zu bauen, planen Projektentwickler jetzt Logistikimmobilien und schließen beispielsweise Mietverträge mit Amazon. Infolgedessen stehen unsere Innenstädte vor der größten baulichen Transformation ihrer Geschichte. Wohnimmobilien in direkter Innenstadtlage sind jetzt wieder begehrt. Aber auch diese, müssen erst einmal entwickelt werden.

Weitere bauliche Transformationen findet man vor allem im Industrie- und Bürosektor. Viele der Büroimmobilien, aus den fünfziger und sechziger Jahren, sind nicht zukunftsfähig. Sie entsprechen nicht den Anforderungen der modernen Arbeitswelten. Gleichzeitig ist die Flächeninanspruchnahme vieler Unternehmen in Deutschland rückläufig. Anstatt teure Büroimmobilien für ihre Mitarbeiter zu bauen, schicken sie diese jetzt lieber ins Home Office oder in Coworking Spaces. Somit müssen in Zukunft viele der jetzigen Unternehmensareale mit Hilfe von Projektentwicklungen wieder neuen Nutzungen zugeführt werden. Ein weiteres Projektentwicklungspotenzial bieten vor allem ehemalige Militärflächen und Industrieareale. Aufgrund der Verlagerung der Produktion in Niedriglohnländer sowie dem Abzug alliierter Streitkräfte werden hierzulande viele Flächen freigesetzt. Je nach Standort, ist zumeist eine Nachnutzung durch Wohnimmobilien

© Der/die Autor(en), exklusiv lizenziert durch Springer Fachmedien Wiesbaden GmbH, ein Teil von Springer Nature 2021
G. N. Köster, *Projektentwicklung von Immobilien,* essentials,
https://doi.org/10.1007/978-3-658-35876-1_1

oder moderne Gewerbeparks zielführend. Die Projektentwicklungsprozesse sind in der Regel komplex und dauern viele Jahre. Ausnahmslos steigt die Komplexität von Projektentwicklungsprozessen seit Jahren an. Hintergrund sind immer mehr Auflagen bei der Baurechtsschaffung und Realisierung von Immobilien. Hier ist die Politik in den nächsten Jahren sehr gefordert, um Genehmigungsprozesse zu vereinfachen und insbesondere zeitlich zu optimieren. Nur so wird es möglich sein, durch erfolgreiche Projektentwicklungen den stetig steigenden Wohnungsmangel dauerhaft zu bekämpfen.

Auf Grundlage der dargestellten Problematik wird der Stellenwert von Projektentwicklern im Kontext der Immobilienwirtschaft weiter ansteigen. Somit werden in Zukunft immer mehr Personen aus den unterschiedlichen Fachdisziplinen Projektentwicklungsprozesse begleiten. Der vorliegende Text möchte einen ersten Einstieg in das Themenfeld der Projektentwicklung von Immobilien gewährleisten. Gleichzeitig will er ein Verständnis für die Komplexität von Projektentwicklungsprozessen sowie den einzelnen Erfolgsstrategien vermitteln.

Einführung in die Projektentwicklung 2

2.1 Begriffe und Definitionen

2.1.1 Definition Projektentwicklung

Seit Ende der 90er Jahre, ist der Begriff der Projektentwicklung in der deutschen Immobilienwirtschaft präsent. Wirtschaft und Medien nahmen den Begriff dankend auf und aus den einfachen Bauträgern wurden erfolgreiche Immobilien-Projektentwickler. Über welche Eigenschaften sich die Projektentwicklung von Immobilien jedoch wirklich definiert, soll im jetzt Folgenden Abschnitt beschrieben werden.

Im weiteren Sinne war jede Person, die schon einmal ein Gebäude geplant und realisiert hat, als Projektentwickler tätig. Schließlich startet jedes Bauprojekt mit der Entwicklung einer eigenständigen Idee sowie deren konsequenten Umsetzung, bis zur Realisierung des Projektes. Dabei wird zuallererst das passende Grundstück gesucht, die benötigten Planer beauftragt, alle notwendigen Genehmigungen eingeholt sowie die Finanzierung für das Bauprojekt durch die Bank gesichert. Im weiteren Schritt werden die Baukosten verhandelt und die Realisierung des Projektes bis zur Fertigstellung überwacht (Schlamp, 1997, S. 99 f.). Schlussendlich ist der Projektentwickler also ein Generalist, der durch strategische Prozesse allen Spezialbereichen des Immobilienprojektes zu einem Gesamtergebnis verhilft. Hierbei überwacht er stets das große Ganze (Schäfer & Conzen, 2013, S. 11).

Nach Brauer (2019, S. 538) ist der Begriff der Projektentwicklung die konsequente Zusammenführung der zwei Begriffe „Projekt" und „Entwicklung". In diesem Kontext versteht man unter einem Projekt eine individuelle Planung oder

G. N. Köster, *Projektentwicklung von Immobilien*, essentials, https://doi.org/10.1007/978-3-658-35876-1_2

ein einzelnes Bauvorhaben. Demgegenüber beschreibt der Begriff der Entwicklung den fortschreitenden Prozess eines solchen Vorhabens bis zur Realisierung des Gebäudes. Auch wenn der Begriff der Projektentwicklung bereits seit vielen Jahren in Deutschland verwendet wird, gibt es keine rechtsgültige Definition. In der Literatur hat sich bis heute die folgende Definition nach Diederichs (1999, S. 269) durchgesetzt:

> „Durch Projektentwicklungen (i.w.S.) sind die Faktoren Standort, Projektidee und Kapital so miteinander zu kombinieren, dass einzelwirtschaftlich wettbewerbsfähige, arbeitsplatzschaffende und -sichernde sowie gesamtwirtschaftlich sozial- und umweltverträgliche Immobilienobjekte geschaffen und dauerhaft rentabel genutzt werden können." (Diederichs, 1999, S. 269)

Somit unterliegt dem Projektentwickler der gesamte unternehmerische Prozess zum Bereitstellen von dauerhaft nutzbaren Immobilienprojekten. Dieser beginnt meist mit einer Stand- und Marktanalyse. Darauf folgt in der Regel ein konkretes Planungskonzept, welches im Projektentwicklungsprozess ständig an neue Erkenntnisse angepasst wird. Die Kosten überwacht der Projektentwickler währenddessen in einer projektbezogenen Kalkulation. Dies ermöglicht ihm eine ständige Analyse der Wirtschaftlichkeit und eine schnelle Reaktion zur Anpassung von Mietpreisen und Verkaufspreisen im Bedarfsfall. Somit steuerte der Projektentwickler schlussendlich das Gesamtprojekt bis zur Realisierung und ist hierbei Ansprechpartner für alle Projektbeteiligten.

2.1.2 Projektentwicklung im engeren Sinne

Grundsätzlich unterscheidet man zwischen der Projektentwicklung im „engeren Sinne" und der Projektentwicklung im „weiteren Sinne". Diese Unterscheidung ist vor allem im Kontext der unterschiedlichen Exitstrategien, die im weiteren Verlauf der Arbeit unter Abschn. 5.2.2 weiterführend erläutert werden, zurückzuführen. Es handelt sich hierbei um eine strategische Entscheidung, zu welchem Zeitpunkt der Projektentwickler sein Projekt an einen Investor veräußert. Immobilienprojekte werden heute von Projektentwicklern oft bereits vor Fertigstellung inklusive der Planung verkauft.

Nach Diederichs (1999, S. 269 f.) umfasst die Projektentwicklung im engeren Sinne die Phasen vom Projekt Anstoß bis hin zur Entscheidung, ob die Planungsidee bis zur Realisierung weiterverfolgt wird. Erst ab diesem Zeitpunkt werden in der Regel notwendige Fachplaner beauftragt. Folglich endet die Projektentwicklung im engeren Sinne durch die Erteilung der Planungsaufträge mit Beginn der Leistungsphase 2 nach HOIA. Der weitere Prozess bis zur Realisierung und Übergabe des Gebäudes an den jeweiligen Investor wird vom Projektmanagement begleitet.

Folglich ist die Realisierung der Immobilie nicht zwingend Gegenstand der Projektentwicklung und kann vollständig an das Projektmanagement übergeben werden (Brauer, 2019, S. 540). In der Praxis werden Projektmanagementleistungen für die Realisierung der Immobilie oft von Projektentwicklern an Dritte vergeben. Die Projektentwicklung im engeren Sinne ist heute eine grundlegende Strategie für spezialisierte Projektentwicklungsunternehmen. Ist das Grundstück gesichert, das Baurecht geschaffen und die Planung konkretisiert, wird das Projekt an einen Investor veräußert. Das Verhältnis zwischen Risiko und Rendite ist in diesem Moment oftmals optimal.

2.1.3 Projektentwicklung im weiteren Sinne

Die Projektentwicklung im „weiteren Sinne" wird seit den 90er-Jahren von vielen Baukonzernen über Tochtergesellschaften betrieben (Diederichs, 2006, S. 18). Diese Form der Projektentwicklung bis zur Fertigstellung des Gebäudes ist insbesondere für die Baukonzerne, vor allem durch den Wegfall von Gewinnmargen gegenüber Dritten, von Interesse. Somit umfasst die Projektentwicklung im weiteren Sinne den gesamten Lebenszyklus einer Immobilie. Sie beginnt mit dem Projektanstoß, beinhaltet die Realisierung und erstreckt sich bis hin zum Abriss oder der Umwidmung des Gebäudes. Nach Kinateder (2011, S. 505) definiert sich dieser Prozess wie folgt:

> „Eine Projektentwicklung schließt eben nicht mit der Fertigstellung und Übergabe des Gebäudes ab, sondern beinhaltet auch Modernisierungs- und Sanierungsmaßnahmen während der Nutzungsphase sowie die Revitalisierung einer Immobilie am Ende ihres Lebenszyklus, wenn sie ihre primäre Funktion nicht mehr erfüllen kann." (Kinateder, 2011, S. 505)

Zusätzlich zu den Baukonzernen, wird Projektentwicklung im weiteren Sinne vor allem von Unternehmen, deren Kerngeschäft nicht die Immobilie ist, betrieben. Nach Bone-Winkel et al. (2016, S. 11) unterscheidet man Unternehmen in der Immobilienwirtschaft grundsätzlich zwischen Property-Companies, deren Kerngeschäft die Immobilie ist und Non-Property-Companies, deren Kerngeschäft nicht die Immobilie ist. Non-Property-Companies werden in der Immobilienwirt-schaft auch häufig als „Corporates" bezeichnet. Hierbei handelt es sich in der Regel um Großkonzerne, die über ein komplexes Immobilienportfolio verfügen. Über Tochterunternehmen betreiben sie Projektentwicklung im weiteren Sinne, um Immobilien für ihr Kerngeschäft bereitzustellen. Zusätzlich verwerten sie nicht betriebsnotwendige Flächen mithilfe von Projektentwicklungen, um gebun-denes Kapital freizusetzen. Dieses Kapital wiederum investieren sie anschließend in die Expansion ihres Kerngeschäfts. Der Stellenwert der Projektentwicklung hat in diesen Unternehmen in den letzten Jahren erheblich an Bedeutung gewonnen. Waren Immobilien für sie früher nur ein Produktionsfaktor, so sind sie heute ein Wettbewerbsfaktor und nicht selten Teil der Unternehmensstrategie.

2.2 Grundgerüst der Projektentwicklung

2.2.1 Ausgangslage einer Projektentwicklung

Die Ausgangslage einer Projektentwicklung kann unterschiedlich sein. Je nach Situation, aus der heraus ein Projektentwicklungsprozess gestartet wird, unter-scheidet er sich auch in seinen weiteren Bearbeitungsschritten. Grundsätzlich unterscheidet man die Ausgangslage einer Projektentwicklung nach Diederichs (2006, S. 7) in Standort, Projektidee und Kapital wie folgt:

1. **Standort:** ist vorhanden, für ihn muss ein Konzept entwickelt und die Finanzierung sichergestellt werden.
2. **Projektidee:** ist vorhanden, für eine Realisierung muss der Standort und eine Finanzierungsmöglichkeit gesucht werden.
3. **Kapital:** ist vorhanden, es wird nach einer Investitionsmöglichkeit Ausschau gehalten, Standort und Projektidee müssen entwickelt werden.

Nach Bone-Winkel et al. (2016, S. 176) beginnt die Mehrzahl von Projekt-entwicklungen in der Praxis vom Standort aus. Hierzu leisten Non-Property-Companies, welche Projektentwicklungen auf ihren nicht betriebsnotwendigen Grundstücken durchführen, einen großen Anteil. Insgesamt beschränkt sich die Ausgangssituation bei der Projektentwicklung von großen Bestandshaltern in der Regel auf das zu verwerten Grundstück. Hierfür muss ein neues Nutzungskonzept entwickelt werden und das spätere Immobilienprojekt in das Bestandsportfolio aufgenommen werden.

Ist hingegen die Projektidee die Ausgangslage einer Projektentwicklung, muss ein geeigneter Standort gesucht werden und die Projektfinanzierung gesichert werden. Ein Beispiel hierfür sind die Entwicklungen großflächiger Einkaufszentren der letzten Jahrzehnte. Diese wurden von Projektentwicklern auf Grundlage einer starken Projektidee mithilfe einer genauen Standortanalyse und der Akquisition von Finanzierern erfolgreich in ganz Deutschland platziert. Beim dritten Fall hingegen muss das Kapital möglichst sicher und wertsteigernd in Immobilien investiert werden. Hierfür muss der Projektentwickler eine Projektidee entwickeln und einen geeigneten Standort finden. Diese Aufgabe ist insbesondere die Herausforderung von Großinvestoren, wie beispielsweise Versicherungen und Pensionskassen. Bei den drei unterschiedlichen Ausgangssituationen einer Projektentwicklung, Standort, Projektidee und Kapital spielt insbesondere der Faktor Zeit eine bedeutende Rolle. Er ist ein grundlegender Erfolgsfaktor im Projektentwicklungsprozess (Diederichs & Preuß, 2020, S. 207 f.), da er zur direkten Einsparung von Kapital beiträgt. Somit ist es heute eine der größten Herausforderungen des Projektentwicklers, seine Immobilienprojekte zeitoptimiert umzusetzen.

2.2.2 Möglichkeiten einer Projektentwicklung

Zusätzlich zur Ausgangssituation gibt es grundsätzlich drei Möglichkeiten einer Projektentwicklung. Die unterschiedlichen Möglichkeiten sollen im Folgenden dargestellt und erläutert werden. Sie sind eng verknüpft mit der jeweiligen Unternehmensstrategie und Kapitalstärke des jeweiligen Projektentwicklungsunternehmens. Zusätzlich werden sie durch die Investoren-Nachfrage am Immobilienmarkt beeinflusst.

Grundsätzlich unterscheidet man die drei Möglichkeiten einer Projektentwicklung wie folgt:

1. **Built-to-suit:** Der Projektentwickler entwickelte die Immobilie nach Anforderungen des späteren Nutzers, der die Immobilie nach Fertigstellung anmietet. Somit entfallen weitere Vermietungsaktivitäten im Projektentwicklungsprozess.

2. **Spekulativ:** der Projektentwickler entwickelt eine Immobilie nach den Anforderungen des jeweiligen Immobilienmarktes. Er beginnt zu bauen, ohne den späteren Nutzer zu kennen. Die Vermarktung der Immobilie beginnt erst im Verlauf des Projektentwicklungsprozesses.

3. **Eigenentwicklung:** der Projektentwickler entwickelt eine Immobilie für den eigenen Bestand. Die Immobilie wird vorerst weder zum Verkauf noch zur Vermietung auf dem Immobilienmarkt angeboten (JJL, 2012, S. 20).

Je nach Immobilienkategorie und Unternehmensstrategie werden in Deutschland insbesondere built-to-suit- und spekulative Projektentwicklungen von Projektentwicklern realisiert. Die Eigenentwicklung beschränkt sich meistens auf große Bestandshalter. Denn professionelle Projektentwicklungsunternehmen bauen sich meistens keinen eigenen Immobilienbestand auf. Sie realisieren Gebäude, um sie anschließend an Investoren zu veräußern. Spekulative Projektentwicklungen werden heute insbesondere im Wohnungsbau betrieben. Hierbei werden beispielsweise Eigentumswohnungen realisiert und anschließend an die späteren Eigentümer verkauft. Hingegen sind Built-to-suit- Projektentwicklungen insbesondere im Büro-, Hotel- und Logistiksektor die Regel. Unterscheiden tun sich die drei Möglichkeiten einer Projektentwicklung insbesondere durch ihr Risikopotenzial. Built-to-suit-Projektentwicklungen weisen ein wesentlich geringeres Risiko als spekulative Projektentwicklungen auf, da bei Ihnen bereits zu Beginn der Entwicklung der Nutzer feststeht und im Idealfall der Mietvertrag schon geschlossen wurde. Dafür locken spekulative Projektentwicklungen allgemein mit höheren Projektgewinnen für den Projektentwickler.

2.2.3 Typen von Projektentwicklern

Die unterschiedlichen Typen von Projektentwicklern unterscheiden sich in der Praxis insbesondere nach der Strategie ihres Geschäftsmodells. Dieses wird grundlegend durch ihre Kapitalstärke und ihren Spezialisierungsgrad beeinflusst. Dennoch sind hohe Rücklagen in den Unternehmensbilanzen und die Zusammenarbeit mit Eigenkapitalpartnern heute kein Grund mehr, nicht auch als Dienstleister gegenüber Dritt-Investoren aufzutreten. Die hohe Investorennachfrage nach Immobilien professionalisiert zunehmend die unterschiedlichen Typen von Projektentwicklern. Wie in Abb. 2.1 dargestellt, unterscheidet man grundsätzlich die drei Typen von Projektentwicklern in Service-Developer, Trader-Developer, Investor-Developer.

Wie in Abb. 2.1 dargestellt, agiert der Service-Developer als Dienstleister für einen Investor. Er bringt damit kein eigenes Kapital in die Projektentwicklung ein, sondern erhält ein Honorar auf Grundlage seiner Tätigkeiten. Da dieses Modell der Projektentwicklung in den letzten Jahren erheblich an Relevanz gewonnen hat, wird es unter Abschn. 3.5.4 weiter erläutert. Der Trader-Developer beschreibt

Abb. 2.1 Typen von Projektentwicklern. (Quelle: Eigene Darstellung)

hingegen den Projektentwickler im ursprünglichen Sinne. Er tritt als Zwischeninvestor auf, investiert eigenes Kapital meistens gemeinsam mit zusätzlichen Eigenkapitalpartnern in die Projektentwicklung. Anschließend verkauft er seine Projektentwicklung an einen Endinvestor. Der spätere Lebenszyklus der Immobilie ist für ihn damit nicht erfolgsentscheidend. Ihn interessiert vor allem der richtige Zeitpunkt, an dem er sein Immobilienprojekt meistbietend veräußern kann.

Der Investor-Developer beschreibt hingegen den Endinvestor, welcher selbst Projektentwicklungsleistungen abbildet. Meistens handelt es sich hierbei um die bereits erwähnten Bestandshalter, welche ihr Immobilienportfolio kontinuierlich ausbauen.

Grundlagen der Projektentwicklung 3

3.1 Zielsetzung der Projektentwicklung

Ziel der Projektentwicklung ist das Bereitstellen von dauerhaften, nutzbaren und wirtschaftlich rentablen Immobilienprojekten. Dieser Prozess sollte immer im Kontext des Gemeinwohls und der sozialen Verantwortung gegenüber der Allgemeinheit durchgeführt werden. Allgemein ist der Stellenwert der sozialen Verantwortung bei der Umsetzung von Immobilienprojekten in den letzten Jahren erheblich gestiegen. Hintergrund ist insbesondere der Wohnungsmangel in Großstädten und die damit verbundene positive Mietpreisentwicklung. Aber auch die zunehmende Grundstücksspekulation aufgrund der fehlenden Flächenverfügbarkeit. Folglich muss die Projektentwicklung heute nicht nur einen wirtschaftlichen Zweck erfüllen, sondern auch durch das fertig gestellte Gebäude zur Aufwertung von städtebaulichen Situationen am jeweiligen Standort beitragen. Dies ist jedoch ohne die Unterstützung der Öffentlichkeit kaum möglich. Daher ist es auch Ziel der Projektentwicklung die Öffentlichkeit für ein Immobilienprojekt zu begeistern.

Eine weitere Zielsetzung ist auf der einen Seite, die Bedürfnisse des späteren Nutzers vollumfänglich zu befriedigen und gleichzeitig die Wirtschaftlichkeit des Projektes für den Endinvestor zu gewährleisten. Hierfür tritt der Projektentwickler in einen Managementprozess und koordiniert die Interessen der einzelnen Projektbeteiligten. Als Generalist ist die zeitoptimierte Umsetzung des Immobilienprojektes sein oberstes Ziel. Hierfür spielt er den Vermittler zwischen allen Beteiligten Akteuren und gewährleistet so eine erfolgreiche Umsetzung seines Projektes. Seine einzelnen Projektziele fixiert er hierfür zu Beginn der Projektentwicklung in einem Terminplan und verfolgt diesen bis zur Fertigstellung des Gebäudes konsequent nach. Zusätzlich zu den zeitlichen Zielen sollte er auch

G. N. Köster, *Projektentwicklung von Immobilien*, essentials, https://doi.org/10.1007/978-3-658-35876-1_3

die Qualität des Gebäudes sowie dessen Wirtschaftlichkeit als Zielsetzung genau definieren. Hinzu kommen die Nachhaltigkeitsziele, insbesondere in Form von ESG- Kriterien, welche unter Abschn. 4.2.6 weiter erläutert werden.

3.2   Schnittstellen der Projektentwicklung

Um eine erfolgreiche Zielerreichung in der Projektentwicklung zu gewähr-leisten, muss der Projektentwickler durch die Zusammenarbeit der einzelnen Schnittstellen erfolgreich koordinieren und überwachen. Kaum ein anderer unter-nehmerischer Prozess unterliegt dem Einfluss von so vielen unterschiedlichen Persönlichkeiten. Die Hauptakteure, dessen Interessen der Projektentwickler in den Entwicklungsprozess aufnehmen muss, sind die folgenden:

- Investoren und Eigenkapitalpartner
- politische Entscheidungsträger
- Grundstückseigentümer
- Genehmigungsbehörden und Träger öffentlicher Belange
- Stadtplaner und Architekten
- Gutachter und Sachverständige
- Nachbarschaft und Öffentlichkeit
- Bauausführende Firmen.

Damit unterliegt die Projektentwicklung von Immobilien allgemein vielen Schnittstellen und ist damit einer der risikovollsten Investitionsprojekte über-haupt. Hintergrund sind die unterschiedlichen Interessenslagen der einzelnen Akteure. Insbesondere die Öffentlichkeit und politische Entscheidungsträger kön-nen die Umsetzung von Bauprojekten jederzeit verzögern oder ganz zum Erliegen bringen. Daher ist im Projektentwicklungsprozess ein hohes Maß an kooperati-ver Kommunikation gefordert. Unter Abschn. 3.4 werden die unterschiedlichen Kommunikationsstrategien genau erläutert. Sie können dabei helfen, das Risiko im Projektentwicklungsprozess erheblich zu minimieren.

3.3   Risiken der Projektentwicklung

Wie bereits erwähnt, ist die Immobilien-Projektentwicklung ein risikovoller, unternehmerischer Geschäftsprozess. Er unterliegt in der Regel einem hohen

Kapitalbedarf und wird stark beeinflusst von politischen Entscheidungen. Gleichzeitig erregt er das Interesse der Öffentlichkeit und unterliegt deren Meinungsfreiheit. Denn die Projektentwicklung von Immobilien betrifft im weiteren Sinne jeden Menschen. Somit wollen sich naturgemäß auch viele Laien in komplexe Entwicklungsprozesse einbringen. Die Folge sind Bürgerinitiativen, die in den letzten Jahren zu einem der Hauptrisikofaktoren von Projektentwicklungen geworden sind; obwohl die Projektentwicklung der wesentliche Schlüssel zur Schaffung von bezahlbarem Wohnraum in Deutschland ist.

Heute wird eine Vielzahl von Risiken im Projektentwicklungsprozess von den beteiligten Stakeholdern ausgeblendet. In anderen Bereichen unserer Wirtschaft ist es längst Standard mithilfe von Entscheidungsmodellen vorhandene Risiken zu minimieren und den unternehmerischen Investitionsprozess bestmöglich zu kontrollieren. In der Immobilien-Projektentwicklung sucht man die Instrumente der Entscheidungstheorie meist vergeblich (Bone-Winkel et al., 2016, S. 200).

Obwohl die Projektentwicklung von Immobilien mit einer hohen Kapitalbindung verbunden ist und zusätzlich einem hohen Risiko unterliegt, werden Entscheidungen über Millionenbeträge oft emotional getroffen. Ein wissenschaftlicher Nachweis hierzu liefert die Dissertationsschrift von Alexander Pommer mit dem Titel „Entscheidungsunterstützung in der Projektentwicklung" (Pommer, 2007, S. 205). In dieser Arbeit wird aufgezeigt, dass Projektentwicklungsprozesse in der Regel durch einzelne Entscheider im Immobilienunternehmen beeinflusst werden und nur selten einem Risikomanagement unterliegen. Nach Auffassung von Preuß und Schöne (2016, S. 136) sollte das Risikomanagement jedoch wesentlicher Bestandteil einer Projektentwicklung sein. Außerdem muss es bereits zu Beginn der Projektentwicklung mit allen Faktoren definiert und konsequent nachverfolgt werden.

Hierbei richtet sich der Aufwand des Risikomanagements nach der jeweiligen Ausgangssituation der Projektentwicklung. Bei einer Built-to-suit-Projektentwicklung, wo der Nutzer von Anfang an feststeht, ist das Risiko im Projektentwicklungsprozess allgemeiner geringer als bei einer spekulativen Projektentwicklung (Köster, 2018, S. 122). Bei spekulativen Projektentwicklungen ist insbesondere die Marktentwicklung, der Wettbewerb am jeweiligen Standort sowie die Veränderung von Nutzeranforderungen mit einem hohen Risiko behaftet. Hinzu kommen nicht vorhersehbare Wirtschaftskrisen. Ein weiteres Beispiel ist die momentane Corona-Pandemie, die viele spekulative Projektentwicklungen zum Erliegen gebracht hat. Insbesondere im Bereich der Hotel- und Einzelhandelsimmobilien mussten viele Projektentwickler hohe Defizite verzeichnen und ihre Projekte einstellen. Hintergrund ist, dass die beabsichtigten Mietverträge nicht mehr zustande kamen. Auch im Bürobereich haben viele Großkonzerne die Entwicklung ihrer neuen Büroimmobilien vorerst gestoppt. Dies ist die Folge der veränderten Flächeninanspruchnahme in vielen deutschen Unternehmen, welche durch das zunehmende Angebot von Home Office für Mitarbeiter beschleunigt wurde.

Somit ist bei der Projektentwicklung von Immobilien nicht nur ein hohes Wertschöpfungspotenzial vorhanden, sondern auch ein enormes finanzielles Risiko. Um das Risiko bestmöglich zu begrenzen, ist insbesondere die zeitliche Optimierung der Projektentwicklungsprozesse notwendig. Der Zeitraum zwischen dem Projektanstoß sowie der Übergabe der realisierten Immobilie an den Nutzer muss so kurz wie möglich gehalten werden. Schließlich kann sich der Immobilienmarkt und die Anforderungen der Nutzer innerhalb der Realisierungszeit grundlegend verändern. Beide unterliegen zyklischen Prozessen (Brauer, 2013, S. 617). Im Folgenden werden in Abb. 3.1 die wesentlichen Risiken einer Projektentwicklung dargestellt.

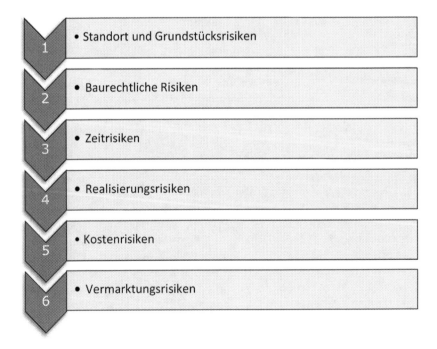

Abb. 3.1 Wesentliche Risiken der Projektentwicklung. (Quelle: Eigene Darstellung)

Wie dargestellt, lassen sich die wesentlichen Risiken im Projektentwicklungsprozess in die folgenden sechs Hauptgruppen unterteilen. Hierbei beginnt Abb. 3.1 bereits mit dem Standort- und Grundstücksrisiken. Schon bei der Standortanalyse können grundlegende Fehler gemacht werden, die sich später kaum noch retuschieren lassen. Ist das Grundstück erst einmal gekauft, kommen insbesondere die Grundstücksrisiken zum Tragen. Wird beispielsweise im Bodengutachten ein Fehler gemacht und der vorhandene Braugrund verfügt später nicht über die notwendige Tragfähigkeit, fallen erhebliche Zusatzkosten für die Bodenaufbereitung an. Ein weiteres Risiko im frühen Stadium der Projektentwicklung beinhaltet das Bebauungsplanverfahren. Kann das gewünschte Baurecht auf dem Grundstück nicht geschaffen werden, kommt die gesamte Projektentwicklung zum Erliegen. Damit haben baurechtliche Risiken erhebliche Auswirkungen auf die Durchführung von Projektentwicklungen bereits vor Projektrealisierung.

3.4 Kommunikationsstrategien zur Projektentwicklung

Kommunikationsstrategien beschreiben die notwendigen Maßnahmen zur Erreichung zuvor definierter Kommunikationsziele. In der Immobilienwirtschaft werden insbesondere affektorientierte Kommunikationsstrategien von Projektentwicklern eingesetzt. Hierbei geht es um die Verknüpfung von Emotionen mit dem jeweiligen Immobilienprojekt. Mithilfe dieser Strategien sollen Sympathien für die jeweilige Projektentwicklung beim Empfänger generiert werden. Es soll ein positives, emotionales Projekt-Erlebnis als Erinnerung im Gedächtnis bleiben. Dabei spielt die Einzigartigkeit der jeweiligen Immobilie eine wichtige Rolle. Sie kann genutzt werden, um sich gegenüber Wettbewerbern abzugrenzen (Köster, 2021). Hierfür kann das jeweilige Immobilienprojekt über klassische Werbemaßnahmen und Veranstaltungen als Themenwelt nach außen kommuniziert werden. Dabei ist eine genaue Abgrenzung nach Zielgruppen förderlich. Grundsätzlich sollte die Wahl der jeweiligen Kommunikationsstrategie, nach Meinung von Rock und Hennig (2016, S. 671) erst nach Einteilung in die folgenden zwei Zielgruppen getroffen werden:

- **Direkte Zielgruppen:** Eigennutzer, Mieter, professionelle- und private Investoren.
- **Indirekte Zielgruppen:** politische Gremien, die Öffentlichkeit, strukturierte Organisationen sowie die Medien allgemein.

Je nachdem welche Zielgruppe der Projektentwickler erreichen will, und welche projektbezogenen Ziele er damit verfolgt, stehen ihm anschließend unterschiedliche Kommunikationsstrategien zur Verfügung. In Anlehnung an Bruhn (2019, S. 219) unterscheidet man grundsätzlich die folgenden Typen:

Bekanntmachungsstrategie: Hierbei wird das jeweilige Bauprojekt gegenüber der zuvor definierten Zielgruppe bekannt gemacht und so am Immobilienmarkt positioniert.

Informationsstrategie: Mit ihrer Hilfe können detaillierte Informationen zu Kosten, Qualitäten und zeitlichen Umsetzungszielen der jeweiligen Projektentwicklung kommuniziert werden.

Imageprofilierungsstrategie: Sie dient zur Imagepflege des jeweiligen Immobilienunternehmens und seinem konkreten Bauvorhaben. Ein Beispiel hierfür wäre ein Wohnquartier, das besonders nachhaltig und sozialverträglich geplant wird.

Konkurrenzabgrenzungsstrategie: Kommuniziert eine klare Abgrenzung zu Konkurrenzobjekten und stellt hierbei positive Maßnahmen am eigenen Immobilienprojekt in den Vordergrund.

Zielgruppenerschließungsstrategie: Sie hilft dem Projektentwickler neue Zielgruppen zu erschließen und damit zukunftsorientierte Nutzer für sein Immobilienprojekt zu akquirieren. Ein Beispiel hierfür wäre ein Coworking-Betreiber als potenzieller Mieter für die spätere Immobilie.

Kontaktanbahnungsstrategie: Hierbei wird mithilfe von Kommunikationsinstrumenten eine möglichst hohe Anzahl neuer Kontakte in der jeweiligen Zielgruppe generiert. Insbesondere bei der Akquisition von neuen Grundstücken und Standorten ist diese Strategie ein wichtiges Hilfsmittel zu Beginn des Projektentwicklungsprozesses.

Beziehungspflegestrategie: Sie ist eine der wichtigsten Strategien im Projektentwicklungsprozess überhaupt. Sie beschreibt die Pflege von Kontakten zu Grundstückseigentümern, Investoren und Trägern öffentlicher Belange (siehe auch; Rock & Hennig, 2016, S. 674).

Die aufgezeigten Kommunikationsstrategien stellen ein wichtiges Hilfsmittel im Projektentwicklungsprozess dar. Für Projektentwickler sind sie in den letzten Jahren zu einem der Haupteinflussfaktoren bei der Umsetzung ihrer Immobilienprojekte geworden. Nur wer von Anfang an offen und ehrlich gegenüber Anwohnern, Behörden und Investoren kommuniziert, wird dauerhaft erfolgreiche

Immobilienprojekte umsetzen können. Schließlich geht es in der Immobilienprojektentwicklung darum, das richtige Immobilienprojekt zum richtigen Zeitpunkt am richtigen Standort zu platzieren und dies auch strategisch zu kommunizieren.

3.5 Zusammenarbeit mit Investoren und Projektpartnern

3.5.1 Investorentypen

Die Investorenlandschaft hat sich in der deutschen Immobilienwirtschaft in den letzten Jahren erheblich erweitert. Hintergrund ist insbesondere das Niedrigzinsniveau sowie die damit verbundenen Investitionsalternativen für professionelle Investoren. Hinzu kommt das Investitionsinteresse von semi-professionellen Investoren, deren Kerngeschäft eigentlich nicht die Immobilieninvestition ist. Infolgedessen wurden in den letzten Jahren immer mehr offene und geschlossene Spezialfonds für eine mögliche Immobilieninvestition in eine bestimmte Assetklasse ins Leben gerufen. Sie ermöglichen es beispielsweise, dass vermögende Privatpersonen indirekt in Immobilien investieren ohne selbst am Immobilienmarkt aktiv zu sein. Für Projektentwickler stellen Immobilienfonds mittlerweile einen der größten Abnehmer ihrer Projektentwicklungen dar. Grundsätzlich unterscheidet man jedoch die folgenden Investorentypen:

- Asset-Manager
- Family Offices
- Non-Property-Companies
- Immobilienfonds
- Immobilien-AGs
- Real-Estate-Investment-Trusts (REITs)
- Versicherungen
- Pensionskassen

Asset-Manager sind in der Regel professionelle Immobilien-Investoren. Ihr Kerngeschäft ist die Investition in Immobilien und gegebenenfalls in andere Anlageklassen. Sie verfügen meist über ein umfangreiches internationales Immobilienportfolio, welches sie selbstständig managen. Dadurch erhoffen sie sich eine hohe Wertsteigerung der einzelnen Objekte, welche dann im richtigen Moment wieder abgestoßen werden. Family Offices hingegen verwalten das Vermögen wohlhabender Familien. Sie sind historisch bedingt schon immer im Immobilieninvestment tätig, haben jedoch in den letzten Jahren ihre Immobilienquoten gegenüber anderen Anlageklassen erheblich erhöht. In der Projektentwicklung treten sie aufgrund ihrer hohen Renditeerwartungen gerne als Eigenkapitalpartner in frühen Phasen der Projektentwicklung auf. Hierbei investieren sie gemeinsam mit dem Projektentwickler in die Realisierung des Gebäudes, welches dann an einen Endinvestor weiterveräußert wird. Family Offices, sind in der Regel sehr kapitalstark und risikobereit. Damit stellen sie einen wichtigen Joint-Venture-Partner für Projektentwickler dar. Als Endinvestoren haben hingegen die Versicherungen und Pensionskassen an Bedeutung gewonnen. Sie investieren gerne in innerstädtische Immobilien an Topstandorten und stellen damit wichtige Abnehmer für Projektentwicklung dar. Zusätzlich sind sie in der Regel bereit, Projekte bereits vor Fertigstellung zu erwerben, um diese gegenüber anderen Investorentypen frühzeitig für sich zu sichern. Mittlerweile sind fast alle großen Versicherungen und Pensionskassen über Umwege im Immobilieninvestment tätig. Viele von ihnen haben bereits eigene Immobilienabteilungen, die professionell mit Projektentwicklern zusammenarbeiten oder selbst als Projektentwickler auftreten. Gerne kaufen diese Investorentypen auch gezielt Bestandsobjekte mit Projektentwicklungspotenzial an, welche sie nach einer erfolgreichen Restrukturierung wieder dem Immobilienmarkt zuführen. Für die Zukunft der Projektentwicklung in Deutschland ist die breite Investorenlandschaft sowie das hohe Investoreninteresse von großem Wert.

3.5.2 Aufbau von beruflichen Netzwerken

Der Aufbau von beruflichen Netzwerken ist für den Projektentwickler ein besonderer Erfolgsfaktor. Der Ankauf und der Verkauf von großvolumigen Immobilienprojekten sollte stets auf einer hohen Vertrauensbasis aller an der Immobilientransaktion Beteiligter gegründet sein. Die Relevanz von beruflichen Netzwerken beginnt bereits bei der Grundstücksakquisition. Aus diesem Grund sollte der Projektentwickler enge Kontakte zu Maklern, Grundstückseigentümern und möglichen Projektpartnern pflegen. Gleichzeitig muss er regelmäßig an Netzwerkveranstaltung teilnehmen. Ein frühzeitiger Kontakt zu möglichen Investoren erleichtert die Vermarktung im Projektentwicklungsprozess.

3.5.3 Joint Venture

Der Begriff „Joint Venture" beschreibt die branchenübergreifende Kooperation mehrerer Unternehmen im Projektentwicklungsprozess. In den letzten Jahren ist die partnerschaftliche Zusammenarbeit zwischen Projektentwicklern, Grundstückseigentümern, Maklern, Investoren und Non-Property-Unternehmen zu einem wesentlichen Erfolgsfaktor bei der Umsetzung innovativer Projekte geworden. Hierbei nutzen die kooperierenden Unternehmen ihre Synergie-Effekte, um eine gemeinsame „Win–win-Situation" während der Projektentwicklung zu erzeugen.

Ziel der Zusammenarbeit ist in der Regel ein konkretes Immobilienprojekt, dessen Realisierung mithilfe der partnerschaftlichen Zusammenarbeit wirtschaftlicher, qualitätsvoller und schneller umgesetzt werden soll. Hierbei müssen stets die Interessen aller beteiligten Projektpartner berücksichtigt werden. Es muss eine gemeinschaftliche Vertrauensbasis geschaffen werden, die im Projektentwicklungsprozess ständig weiter gepflegt wird. Partnerschaftsmodelle bieten sowohl Wettbewerbsvorteile für Projektentwickler als auch für Investoren. Insbesondere die hiermit verbundene Risikominimierung und das Deckeln möglicher Realisierungskosten sind in der heutigen Zeit ein wichtiges Argument für die projektbezogene Zusammenarbeit mehrerer Unternehmen. Wichtig hierbei ist, dass das gemeinsame Ziel und das Vorgehen in Form einer vertraglichen „Absichtserklärung" frühzeitig fixiert wird. In diesem Vertrag sollte auch das Vorgehen während Krisensituationen klar definiert sein. Ein Auflösen der Projektpartnerschaft während der Projektrealisierung muss konkret vermieden werden. Aufgrund der baulichen Transformation in deutschen Großstädten, sowie der hohen Eigenkapitalanforderung der Banken werden Joint-Venture-Projekte in Zukunft einen noch höheren Stellenwert bei der Projektentwicklung von Immobilien einnehmen.

3.5.4 Projektentwicklung als Dienstleistung

Aufgrund steigender Baukosten und sinkender Gewinnmargen sowie der immer komplexer werdenden Projektentwicklungsprozesse, ist bei Großinvestoren ein deutlicher Trend zum Outsourcen von Projektentwicklungsleistung zu verzeichnen. Hinzu kommt der hohe Personalbedarf, welcher mit der Durchführung von Projektentwicklungen verbunden ist und in Anlehnung an Preuß und Schöne (2016, S. 151) in Abb. 3.2 aufgezeigt wird.

Selbst professionellen Investoren fehlt häufig das immobilienspezifische Spezialwissen für eine Projektentwicklung. Dennoch suchen sie ständig nach Wertschöpfungsmöglichkeiten in ihren Bestandsportfolien. Hierbei nehmen sie gerne die Dienste externer Projektentwickler in Anspruch.

Im weiteren Verlauf ist es dann die Aufgabe des Projektentwicklers dem Investor möglichst schnell eine Entscheidungsvorlage zu liefern. Mithilfe von

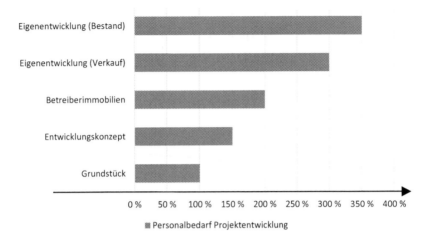

Abb. 3.2 Personalbedarf in der Projektentwicklung. (Quelle: Eigene Darstellung; in Anlehnung an Preuß und Schöne (2016), S. 151)

Machbarkeitsstudien müssen hierbei mehrere Optionen für den Investor erarbeitet werden. Hierbei muss wirtschaftlich genau geprüft werden, ob eine Revitalisierung oder ein Ersatzneubau der strategisch richtige Weg ist. Je nach Grundstück und Objekt muss die zum Investor passende Lösung durch den Projektentwickler erarbeitet werden.

Die Bedeutung externer Dienstleister in Form von Projektentwicklern wird weiter steigen. Für viele Investoren stellt das Vorhalten von betrieblichen Ressourcen für Projektentwicklungsprozesse nur einen Kostenfaktor dar, welcher optimiert werden muss. Somit werden viele professionelle Investoren immer mehr Projektentwicklungsleistungen extern einkaufen. Infolgedessen wird sich der Markt für das Service-Development weiter vergrößern. Gefragt sind vor allem Projektentwickler, die über ein enges Netzwerk im jeweiligen Immobilienmarkt, gute Kontakte zu Behörden und Trägern öffentlicher Belange sowie das notwendige Spezialwissen für die zeitoptimierte Umsetzung von Projektentwicklung verfügen.

Der Projektentwicklungsprozess

4

4.1 Verlauf der Projektentwicklung

4.1.1 Projektentwicklungsphasen

Die Projektentwicklung lässt sich allgemein in mehrere Phasen unterteilen. In Anlehnung an Bone-Winkel (1994, S. 56 ff.) werden in der folgenden Abb. 4.1 die sechs Hauptphasen der Projektentwicklung dargestellt und erläutert. Ein Auslassen einzelner Projektschritte oder ein Überspringen in der Bearbeitung ist in jedem Fall zu vermeiden und kann das Grundgerüst einer Projektentwicklung zum Erliegen bringen. Dennoch müssen Prozesse parallel laufen wie beispielsweise die Projektvermarktung, die bereits zu einer frühen Phase angeschoben werden sollte.

Strategie: in dieser Phase bestimmt der Projektentwickler die Gesamtstrategie für seine Projektentwicklung. Es werden Ziele klar definiert und terminlich fixiert. Gleichzeitig werden die zur Zielerreichung notwendigen Maßnahmen im Projektentwicklungsprozess schriftlich festgehalten.

Projektinitiierung: bei diesem Schritt beginnt der Projektentwickler mit der wirtschaftlichen Überprüfung seiner Projektidee. Es muss ihm gelingen, die drei Faktoren: Kapital, Standort und Projektidee, in einen Einklang zu bringen. In diesem Prozess ist ein hohes Maß an Kreativität und Analysefähigkeit gefragt.

Projektkonzeption: hierbei wird insbesondere die wirtschaftliche und technische Umsetzbarkeit des Projektes geprüft. Dafür wird eine Markt- und Standortanalyse durchgeführt sowie ein Bebauungskonzept für das jeweilige Grundstück entwickelt.

G. N. Köster, *Projektentwicklung von Immobilien,* essentials, https://doi.org/10.1007/978-3-658-35876-1_4

Abb. 4.1 Phasen der Projektentwicklung. (Eigene Darstellung; in Anlehnung an Bone-Winkel (1994, S. 56))

Projektkonkretisierung: während dieser Phase wird das Grundstück angekauft sowie der Architekt mit der Gebäudeplanung beauftragt. Anschließend wird der Bauantrag eingereicht und mit den späteren Nutzern der Mietvertrag verhandelt. Waren die Mietvertragsverhandlungen erfolgreich, wird die Baufirma mit der Umsetzung des Projektes beauftragt.

Projektrealisierung: beschreibt den Beginn der Bauausführung, welcher in der Regel mit der Herstellung der Baugrube beginnt. In dieser Phase agiert der Projektentwickler als Koordinator für Kosten, Termine und Qualitäten. Damit wird die Umsetzbarkeit des Projektes gewährleistet.

Projektvermarktung: in dieser Phase wird das „USP" der Immobilie erarbeitet und in ein Marketingkonzept umgesetzt. Es werden Restflächen an weitere Nutzer vermietet und das Gesamtprojekt anschließend auf dem Investorenmarkt platziert. Mit einem erfolgreichen Verkauf der Immobilie endet in der Regel der Projektentwicklungsprozess.

4.1.2 Grundstückssuche

Eine der ersten Schritte im Projektentwicklungsprozess ist in der Regel die Suche nach einem passenden Grundstück. Insbesondere in Deutschland ist dieses ein sehr zeitintensiver Prozess. Hintergrund ist die fehlende Flächenverfügbarkeit, insbesondere in deutschen Großstädten. Folglich ist die Projektentwicklung heute meist mit der Verdrängung, dem Abriss und der Verwertung bereits bebauter

Grundstücke verbunden. Ein leeres Grundstück in Form einer grünen Wiese ist heute kaum noch zu finden. Hinzu kommt die hohe Intransparenz des deutschen Grundstückmarktes. So haben es Projektentwickler hierzulande schwer, den Eigentümer des jeweiligen Objektes ausfindig zu machen. Hierbei hilft in der Regel der Immobilienmakler, der bei der Grundstücksakquisition ein wichtiger Partner für den Projektentwickler ist. Somit sollten Projektentwickler den Kontakt zu professionellen Maklerunternehmen, welcher unter Abschn. 5.1.3. umfassend beschrieben wird, stets pflegen. Gleichzeitig sollte der Projektentwickler auch den direkten Kontakt zu Grundstückseigentümern suchen. Dieser kann schließlich ein Erfolgsfaktor für ein erfolgreiches Immobilienunternehmen sein. Als Grundstückseigentümer kommen in Deutschland die folgenden Akteure in Betracht:

- Private Eigentümer
- landwirtschaftliche Betriebe
- Immobilienunternehmen
- Non-Property-Unternehmen
- Die Kirche
- Der Staat.

Insbesondere Non-Property-Unternehmen, welche Immobilien nur als Produktionsfaktor nutzen, stellen für den Projektentwickler einen wichtigen Partner dar. Sie verfügen in der Regel über eine Vielzahl von Standorten und befinden sich aufgrund des Strukturwandels im Transformationsprozess. Dabei stoßen sie überflüssige Flächen ab, die in der Regel viel Projektentwicklungspotenzial beinhalten.

Ein weiterer Ansatzpunkt bei der Grundstücksprüfung ist das am Standort vorhandene Stadtplanungsamt. Es kann Auskunft über brachliegende Grundstücke geben, bei denen der Projektentwicklungsprozess beispielsweise aufgrund fehlender Finanzierbarkeit gestoppt wurde. Anschließend kann Kontakt mit dem jeweiligen Eigentümer des Grundstücks aufgenommen werden und bestenfalls in eine vorhandene Projektentwicklung eingestiegen werden. Hierfür ist zuerst eine intensive Prüfung des jeweiligen Grundstücks notwendig, welche im Folgenden weiter beschrieben wird.

4.1.3 Grundstücksprüfung

Hat der Projektentwickler ein potenzielles Grundstück für sein Immobilienprojekt gefunden, beginnt er mit der Grundstücksprüfung. Die Grundstücksprüfung ist ein elementarer Bestandteil im Projektentwicklungsprozess. Fehler, die bei diesem Prozessschritt gemacht werden, sind später kaum noch auszubessern. Wird beispielsweise ein Grundstück erworben, bei dem die gewünschte Bebaubarkeit sich später als nicht umsetzbar erweist, ist die Wirtschaftlichkeit des Gesamtprojektes meist nicht mehr gegeben. Daher müssen bei der Grundstückssicherung grundsätzlich die folgenden Punkte überprüft werden:

- Eigentümerverhältnisse
- Grundstücksgröße
- Vorkaufsrecht
- Grundstückskaufpreis
- Erwerbsnebenkosten
- Grundstückserschließung
- Bodenbeschaffenheit und Altlasten
- Grundwasserstand
- Geländetopografie
- Abbruchkosten für Bestandsimmobilien
- Denkmalschutz
- Baulasten, Dienstbarkeiten und Wegerechte
- Nachbarschaftsvereinbarungen
- schützenswerter Baumbestand
- finanzielle Belastungen
- Erforderliche Sicherungsmaßnahmen von Nachbargebäuden

Erst wenn die Grundstücksprüfung erfolgreich abgeschlossen ist, kann der Grundstückskaufpreis gemeinsam mit dem Eigentümer verhandelt und vertraglich fixiert werden. Sollte es zu diesem Moment noch Unsicherheiten bezüglich der Qualität des Grundstücks geben, so müssen diese in jedem Fall im Grundstückskaufvertrag notiert und berücksichtigt werden. Ist beispielsweise die Bodenuntersuchung noch nicht abgeschlossen, kann eine aufschiebende Bedingung inklusive einer Ausgleichszahlung zum späteren Zeitpunkt mit aufgenommen werden. Es geht in jedem Fall darum, mögliche Risiken für den Projektentwickler zu minimieren und diese vertraglich festzuhalten. Gleichzeitig muss er das Grundstück so früh wie möglich sichern, um den Verkauf an ein konkurrierendes Immobilienunternehmen zu verhindern.

4.1.4 Standort- und Marktanalyse

Eine Standort- und Marktanalyse (kurz STOMA) bildet eine wesentliche Entscheidungsgrundlage über den Verlauf eines Projektentwicklungsprozesses. Sie beinhaltet im Regelfall alle Informationsgrundlagen zu den Charaktereigenschaften des Standorts und den dort vorhandenen Immobilienmarkt. In ihrer fertiggestellten Form dient sie oft als Projektpräsentation gegenüber Behörden und Eigenkapitalpartnern (Bone-Winkel et al., 2016, S. 195). Damit ist sie wesentlicher Bestandteil der Grundstücksuntersuchung und ein erfolgsentscheidender Faktor im gesamten Projektentwicklungsprozess. Die ihr zugrunde gelegten Annahmen, haben direkten Einfluss auf die Projektumsetzung und deren Wirtschaftlichkeit.

Dabei beginnt die Standort- und Marktanalyse in der Regel mit der Begutachtung des am Grundstück vorhandenen Standorts. Hierfür wird eine genaue Analyse des Mikro- und Makrostandorts durchgeführt. Dabei beschreibt der Makrostandort die Stadt oder den Stadtteil. Der Mikrostandort hingegen beschreibt die genaue Adresse des Grundstücks. Eine weitere Abgrenzung wird hinsichtlich weicher und harter Standortfaktoren vorgenommen. Weiche Standortfaktoren definieren beispielsweise das Image des jeweiligen Standortes sowie das Freizeitangebot. Harte Standortfaktoren beschreiben hingegen z. B. die direkte Verkehrsanbindung. Anders als bei weichen Standortfaktoren, ist hier eine Veränderung im Lebenszyklus des fertigen Gebäudes meist nicht zu erwarten. Bei weichen Standortfaktoren können Veränderungen innerhalb kürzester Zeit eintreten. Um ein Beispiel für Standortfaktoren im allgemeinen Sinne aufzuzeigen, werden im Folgenden die wichtigsten Standortfaktoren für eine Wohnimmobilie am Mikrostandort in Anlehnung an Diederichs (2006, S. 35) dargestellt:

- Attraktive und möglichst grüne Umgebung, inkl. Freizeiteinrichtungen zur Naherholung
- ÖPNV-Anbindung
- Positives Image des Standortes
- Nahversorgung in unmittelbarer Nähe
- Gute Individualverkehrsanbindung
- Gute Erreichbarkeit von Schule, Kindergarten und med. Versorgung

Zusätzlich zur Standortanalyse ist die Marktanalyse wesentliche Aufgabe des Projektentwicklers. Hierbei muss er den genauen Immobilienmarkt am jeweiligen Standort mit all seinen dazugehörigen Faktoren prüfen. Hierfür bieten sich insbesondere Immobiliensuchportale und Marktberichte großer Maklerhäuser oder Beratungsunternehmen an. Dabei ist darauf zu achten, dass nicht nur die gegenwärtige Situation der Immobilienpreise in die Marktanalyse einfließen, sondern auch eine Prognose für die Zukunft getroffen wird. Zusätzlich müssen nicht nur die einzelnen Miet- oder Kaufpreise analysiert werden, sondern vor allem auch der am Standort interessierte Nutzer- und Kundenkreis. Gleichzeitig müssen Konkurrenzprojekte ausfindig gemacht und nach ihrer jeweiligen Ausstattung und Qualität analysiert werden (Diederichs & Preuß, 2020, S. 210). Gegebenenfalls muss dann die eigene Projektqualität erhöht werden, um bei Fertigstellung einen Wettbewerbsvorteil gegenüber der Konkurrenz zu haben. Gleichzeitig sollten Konkurrenzprojekte genauestens auf ihr Fertigstellungsdatum und ihren Vertriebsstart analysiert werden. Eine zeitgleiche Fertigstellung mehrerer Projekte an einem Standort verschärft die Wettbewerbssituation und erhöht das Risiko für den Projektentwickler. Folglich ist die Konkurrenzanalyse wesentlicher Bestandteil der Standort- und Marktanalyse.

4.1.5 Baurechtsprüfung

Wurde der Standort und der vorhandene Immobilienmarkt für positiv befunden, beginnt der Projektentwickler mit der baurechtlichen Überprüfung des Grundstücks. Die Baurechtsprüfung beginnt stets mit der Einsichtnahme in den Bebauungsplan. Dieser gibt Auskunft, ob auf einem Grundstück überhaupt Baurecht vorhanden ist. Zusätzlich sollte Einsicht in den Flächennutzungsplan genommen werden, da dieser in der Regel die Grundlage für jeden Bebauungsplan darstellt. Mithilfe des Bebauungsplans kann der Projektentwickler im Weiteren die Art der Nutzung, das Ausmaß der möglichen Bebauung sowie weitere Einschränkung des Grundstücks prüfen. Ist kein Bebauungsplan vorhanden, muss diese nach politischer Zustimmung auf Kosten des Projektentwicklers mit Unterstützung der Stadtplanung neu erstellt werden. Gleiches gilt, wenn ein Grundstück z. B. von einer Gewerbenutzung auf eine Wohnnutzung umgewidmet werden soll. Hat das Grundstück bereits Baurecht, wird dieses auf die vorhandene Projektidee überprüft. Grundsätzlich können sich Grundstücke, wie in der folgenden Abb. 4.2 dargestellt, nach ihrem Entwicklungszustand sowie der Art und dem Maß der baulichen Nutzung gemäß der Baunutzungsverordnung unterscheiden.

Zusätzlich zu den Entwicklungszuständen, sowie der Art und dem Maß der baulichen Nutzung muss der Projektentwickler bereits gestellte und vorhandene Bauanträge prüfen. Zur Sicherstellung der Genehmigungsfähigkeit wurden bei Entwicklungsgrundstücken oft bereits Bauvoranfragen und Bauanträge bei

Übersicht der Normen und Begriffe			
Entwicklungszustände von Grundstücken			
Agrarland § 5 Abs. 1 ImmoWertV	Bauerwartungsland § 5 Abs. 2 ImmoWertV	Rohbauland § 5 Abs. 3 ImmoWertV	Baureifes Land § 5 Abs. 4 ImmoWertV
Art der baulichen Nutzung von Grundstücken §§ 1–15 BauNVO			
Wohnbau- flächen (W)	Gemischte Bauflächen (M)	Gewerbliche Bauflächen (G)	Sonderbau- flächen (S)
Maß der baulichen Nutzung von Grundstücken §§ 16–21a BauNVO			
Grundflächenzahl (GRZ) § 19 Abs. 1 BauNVO	Geschossflächenzahl (GFZ) § 20 Abs. 2 BauNVO	Baumassenzahl (BMZ) § 21 Abs. 1 BauNVO	Bauhöhe § 18 BauNVO, Zahl d. Vollgeschosse § 20 Abs. 1 BauNVO

Abb. 4.2 Normen und Begriffe zur Überprüfung der Bebaubarkeit von Grundstücken. (Quelle: Eigene Darstellung; in Anlehnung an Focke und Pelzeter (2016), S. 111)

den Bauämtern eingereicht. Diese sind für den Projektentwickler ein wichtiges Hilfsmittel, um Risiken bei der späteren Genehmigung seines Projektes frühzeitig zu erkennen und zu eliminieren. Insbesondere ein durch die Behörde bereits abgelehnter Bauvorbescheid gibt dem Projektentwickler wichtige Informationen über das Grundstück. Grund hierfür sind oft die Überschreitung von Abstandsflächen oder das nicht Einhalten der im Bebauungsplan festgesetzten Geschossigkeit, Geschoss- und Grundflächenzahl. Diese wiederum reduzieren die Baumasse und bebaubare Fläche auf dem Grundstück und ist ein wertmindernder Faktor, welcher bei der Verhandlung des Grundstückskaufpreises mit dem Eigentümer berücksichtigt werden sollte.

4.1.6 Bodenuntersuchungen

Nachdem das Baurecht und die Bebaubarkeit des Grundstücks überprüft wurden, beginnt der Projektentwickler mit den Bodenuntersuchungen. Hierfür lässt er ein Bodengutachten mithilfe eines externen Spezialisten erstellen. Bei diesem Spezialisten handelt es sich in der Regel um einen Sachverständigen für Geotechnik. Er erstellt ein Bodengutachten, welches oft auch als Baugrund- oder Gründungsgutachten bezeichnet wird und im weiteren Sinne einem geotechnischen

Bericht darstellt. In diesem Bericht werden die Ergebnisse der Bodenuntersuchung dokumentiert und Empfehlungen für die Gründung sowie die Realisierung des Gebäudes ausgesprochen. Wesentliche Inhalte dieses Gutachtens sind die Tragfähigkeit des Bodens, der Grundwasserstand und ggf. vorhandene Bodenverunreinigungen. Diese Erkenntnisse sind für die Realisierung des Gebäudes und Ermittlung der Herstellungskosten von signifikanter Bedeutung. Somit stellt das Bodengutachten eine wichtige Arbeitsgrundlage für den Projektentwickler, den Architekten und den Tragwerksplaner im weiteren Projektverlauf dar. Zusätzlich dient es gegenüber der Behörde, die Umsetzbarkeit des Projektes im Genehmigungsverfahren nachzuweisen.

Anders, als bei der Baurechtsprüfung, sind Bodenuntersuchungen grundsätzlich nur mit dem Einverständnis des Grundstückseigentümers möglich. Denn hierfür muss das Grundstück betreten und Tiefenbohrungen durchgeführt werden. Zusätzlich müssen Informationen über mögliche Kampfmittel (Kampfmittelfreiheit) und Altlasten bei den Behörden abgefragt werden. Bei den Kampfmitteln handelt es sich meistens um Überbleibsel aus dem Zweiten Weltkrieg. Bei Altlasten handelt es sich hingegen um die Bodenkontamination, welche beispielsweise durch die Abfallentsorgung von Chemikalien und Müll entstanden ist. Insbesondere Gewerbegrundstücke, die zuvor für Produktionsprozesse genutzt wurden, verfügen häufig über einen hohen Schadstoffgehalt im Baugrund. Des Weiteren umfassen Altlasten oftmals auch Grundwasserverschmutzungen. Diese Verschmutzungen sind mit besonderer Aufmerksamkeit im Rahmen der Bodenuntersuchungen zu analysieren. Ist das Grundwasser zum Beispiel mit Schwefel verunreinigt, verursacht dieses im Bauprozess hohe Zusatzkosten. Denn für die Herstellung der Baugrube muss das Grundwasser abgepumpt werden und im belasteten Zustand aufwendig gefiltert werden. Erst dann darf es in die öffentliche Kanalisation eingeleitet werden. Zusätzlich zum Grundwasser muss auch der Erdaushub der Baugrube fachgerecht entsorgt werden. Daher sollte das Bodengutachten auch Auskunft über die vorhandenen Belastungen mit schädlichen Stoffen, wie beispielsweise Schwermetallen, geben. Je nach Schadstoffbelastung wird die Qualität des Bodens in fünf Klassen unterteilt, wovon im Folgenden die drei wesentlichen Klassifizierungen dargestellt werden:

- Z0: unbelastete Böden deren Einbau uneingeschränkt möglich ist.
- Z1: Böden deren Einbau nur eingeschränkt zulässig ist
- Z2: Böden deren Einbau nur sehr eingeschränkt zulässig

Die Schadstoffklassen Z3 bis Z5 müssen hingegen kostenintensiv auf einer Deponie entsorgt werden. Um hohe Entsorgungskosten zu vermeiden und die

Projektwirtschaftlichkeit nicht zu gefährden, sollte im Grundstückskaufvertrag eine Abzugsposition für Schadstoffbelastungen größer der Klassifizierung Z2 erfolgen. So kann sich der Projektentwickler beim Grundstückskauf absichern und der Grundstückseigentümer an den hohen Entsorgungskosten des schadstoffbelasteten Bodenaushubs beteiligt werden. Insgesamt ist dem Thema der Bodenuntersuchung eine erhebliche Aufmerksamkeit im Projektentwicklungsprozess zu schenken. Nicht identifizierte Bodenverunreinigungen können die Wirtschaftlichkeit einer Projektentwicklung schnell ruinieren.

4.2 Investitionsentscheidungs- und Realisierungsprozess

4.2.1 Wirtschaftlichkeitsbetrachtung

Die Wirtschaftlichkeitsbetrachtung ist der umsetzungsentscheidende Schritt im Projektentwicklungsprozess. Nur Immobilienprojekte, bei denen sich bereits zu Beginn der Projektentwicklung die Wirtschaftlichkeit nachweisen lässt, werden in der Regel überhaupt angestoßen. Sollte zu Beginn der Projektentwicklung keine Wirtschaftlichkeit des Projektes nachzuweisen sein, muss gegebenenfalls die Planung und Nutzung des Gebäudes angepasst oder aber der Grundstückskaufpreis neu verhandelt werden. Gleichzeitig sollte eine Optimierung der Realisierungskosten geprüft werden. Ein weiterer Hebel ist die Baumasse auf dem Grundstück. Lässt sich diese baurechtlich noch erhöhen, trägt dies in der Regel zur Steigerung der Wirtschaftlichkeit des Projektes bei. Denn hierdurch lässt sich die zu vermietende oder zu verkaufende Fläche erweitern, die im Regelfall den Gesamterlös der Projektentwicklung positiv beeinflusst. Somit ist die Wirtschaftlichkeitsbetrachtung einer Projektentwicklung wie in Abb. 4.3 dargestellt, ein Zusammenspiel aus Verkaufserlös, Realisierungskosten und Grundstückskosten, die es strategisch zu optimieren gilt.

Folglich unterliegt die Wirtschaftlichkeitsbetrachtung von Projektentwicklungen immer einer Maximierung der Rentabilität bei gleichzeitiger Minimierung der Projektrisiken. Hinzu kommt gegebenenfalls die positive Wertveränderung während der Umsetzung des Projektentwicklungsprozesses. Ein wichtiger Erfolgsfaktor in diesem Kontext ist die Marktfähigkeit der Projektentwicklung. Entspricht diese einem möglichst breiten Nutzer- und Investorenkreis, minimiert dieses das Risiko und maximiert den möglichen Projekterlös (Diederichs & Preuß, 2020, S. 210). Um das Projektrisiko hierbei so gering wie möglich zu halten, sollte der Projektentwickler sein Projekt möglichst früh auf Basis einer fiktiven Gebäudeplanung kalkulieren. Hierfür sollte er einen Architekten beauftragen. Der dann

Abb. 4.3 Kreislauf der
Projektwirtschaftlichkeit.
(Quelle: Eigene
Darstellung)

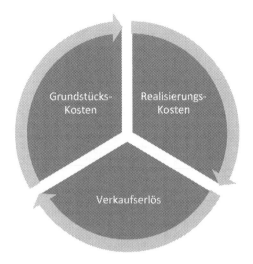

wiederum eine Gebäudeplanung entwickelt, die optimal zu dem vorhandenen
Baurecht auf dem Grundstück passt. Nur so ist es möglich, die Projektkos-
ten möglichst genau zu definieren und gleichzeitig die Genehmigungsfähigkeit
des Projektes zu gewährleisten (Köster, 2018, S. 198 f.). Auf Grundlage der
hierbei entstandenen Flächen kann der Projektentwickler seine Projektkalkula-
tion (Developer-Rechnungen) erstellen. Diese muss er bis zur Realisierung des
Projektes konsequent weiter pflegen und ständig aktualisieren. Nur so kann die
Projektwirtschaftlichkeit auch im Realisierungsprozess jederzeit nachgewiesen
werden.

Dabei ist bereits zu beginnt der Projektentwicklung darauf zu achten, dass das
zu bebauende Grundstück möglichst kostengünstig angekauft wird. Umso erfolgreicher dem Projektentwickler dies gelingt, umso höher ist die Wahrscheinlichkeit
eines wirtschaftlichen Projektabschlusses. Ein weiterer Hebel zur Sicherstellung
der Projektwirtschaftlichkeit ist die ständige Optimierung von Kosten, Terminen und Qualitäten bei der Umsetzung des Gebäudes (Köster, 2018, S. 198).
Dieses Zusammenspiel der einzelnen Faktoren gewährleistet schließlich den Projektentwicklungsgewinn, welcher umgangssprachlich auch als „Trading Profit"
bezeichnet wird. Er ergibt sich aus der Differenz zwischen den Gesamtinvestitionskosten und dem Verkaufserlös. Je nach Immobilientyp und erfolgreicher
Durchführung der Projektentwicklung, lässt sich ein Trading Profit von 10 bis

25 % der Gesamtinvestitionskosten am heutigen Immobilienmarkt erzielen. Aufgrund der rasanten Marktentwicklungen sind in Ausnahmefällen auch höhere Gewinnmargen möglich.

4.2.2 Grundstückssicherung

Die Grundstückssicherung ist neben der Projektfinanzierung eine der wesentlichen Erfolgsvoraussetzungen zur Umsetzung einer Projektentwicklung (Bone-Winkel et al., 2008, S. 128). Ist die Grundstücksuntersuchung abgeschlossen und die Wirtschaftlichkeit des Projektes nachgewiesen, kann der Grundstücksankauf erfolgen. Sind zu diesem Zeitpunkt noch nicht alle Risikofaktoren fixiert, sollte der Kaufvertrag in jedem Fall an eine aufschiebende Bedingung geknüpft sein. Wurde beispielsweise das Bebauungsverfahren noch nicht abgeschlossen, sollte in jedem Fall eine Ausstiegsklausel für den Projektentwickler vereinbart werden. Kann dann das gewünschte Baurecht auf dem Grundstück zu einem späteren Zeitpunkt nicht geschaffen werden, hat der Projektentwickler die Möglichkeit aus dem Projekt auszusteigen. Gleiches gilt bei Nichtrealisierbarkeit der gewünschten Baumasse. Zusätzlich kann Eine Ausstiegsklausel auch bezüglich Bodenverunreinigungen oder die Auflösungen vorhandener Mietverhältnisse sinnvoll sein.

Des Weiteren verweisen Diederichs und Preuß (2020, S. 210) darauf, dass die Grundstückssicherung im Idealfall so zu gestalten ist, dass die Zahlung des Grundstückskaufpreises erst unmittelbar vor Realisierungsbeginn des Gebäudes fällig wird.

Dem Grundstücksankauf gehen in der Regel viele Gespräche mit dem Eigentümer vorweg. In diesen Gesprächen ist es wichtig, ein gegenseitiges Vertrauen aufzubauen. In der Regel bleibt der Verkäufer des Grundstücks nach der Beurkundung des Grundstückkaufvertrags Akteur im Projektentwicklungsprozess. Aufgrund der aufschiebenden Bedingungen, begleitet er das Projekt gegebenenfalls bis zur Realisierung. Für den Projektentwickler ist der Verkäufer des Grundstücks somit ein wichtiger Partner. Somit beeinflusst eine erfolgreiche Kaufvertragsverhandlung den gesamten Projekterfolg. Daher muss es dem Projektentwickler gelingen, das Grundstück möglichst kostengünstig anzukaufen und gleichzeitig Altlasten kostenoptimiert zu beseitigen. Umso erfolgreicher ihm dieser Prozess gelingt, umso wahrscheinlicher ist ein rentabler Projektabschluss. Der Projektentwicklungsgewinn wird heute bereits beim Einkauf der jeweiligen Fläche generiert. Neben der Optimierung von Kosten, Terminen und Qualitäten im Realisierungsprozess ist der Projekteinstand ein grundlegender Faktor in der zuvor erläuterten Wirtschaftlichkeitsbetrachtung.

Wurde der Grundstückskaufpreis erfolgreich mit dem Verkäufer verhandelt und alle Details abgestimmt, kann der Grundstückskaufvertrag gemeinsam mit einem Notar entwickelt werden. Hierbei ist es von Vorteil, wenn der Projektentwickler einen ihm vertrauten Notar mit der Erstellung des Kaufvertrages beauftragt. Dieser kann schließlich seine Interessen vertreten und über Hindernisse und Risikofaktoren aufklären. Anschließend kann der Vertrag gemeinsam mit dem Verkäufer des Grundstücks beurkundet werden. Das Zeitfenster zwischen Kaufpreisverhandlung und Beurkundung des Grundstückkaufvertrages sollte möglichst klein gehalten werden. So kann die Einflussnahme möglicher Wettbewerber auf den Anstieg des Kaufpreises vermieden werden.

4.2.3 Baurechtsschaffung

Die Baurechtsschaffung ist ein zentraler Schritt im Projektentwicklungsprozess. Viele entwicklungsfähige Grundstücke verfügen nicht über das notwendige Baurecht für eine optimale bauliche Ausnutzung. Hierfür muss in der Regel ein neuer Bebauungsplan aufgestellt und genehmigt werden, um so das Baurecht für das gewünschte Immobilienprojekt zu schaffen. Die Baurechtsschaffung ist ein zeitintensiver und sehr risikovoller Abschnitt im Projektentwicklungsprozess. Gleichzeitig beinhaltet sie die höchste Wertschöpfung. Sie ist damit ein wichtiger „Hebel" für die Wirtschaftlichkeit einer Projektentwicklung und sichert in der Regel den Projekterlös.

Für den Projektentwickler bietet die Änderung des Baurechts ein Hilfsmittel zur Aufwertung von entwicklungsfähigen Grundstücken. Ist beispielsweise an einem Standort das Baurecht bezogen auf die Gebäudehöhe, die Nutzung oder die Baumasse nicht optimal ausgenutzt, sollte der Projektentwickler anstreben, das Baurecht zu ändern. Für diesen Prozess benötigt er die Zustimmung der Politik und der Stadtplanung. Gelingt es ihm dann, an einem innerstädtischen Standort eine Gewerbefläche für den Wohnungsbau umzuwidmen, ist die Wertsteigerung auf das vorhandene Grundstück meist enorm. Vor diesem Hintergrund spezialisieren sich viele Projektentwickler auf die Baurechtsschaffung für entwicklungsfähige Grundstücke. Die Realisierung der Projekte rückt für sie in den Hintergrund, da das Verhältnis zwischen Risiko und Rendite nach erfolgreicher Umwidmung oft für einen Projektverkauf verlockend ist. Somit kann es für einen Projektentwickler lukrativ sein, ein Grundstück aufzuwerten, ein neues Baurecht zu schaffen und das Grundstück inklusive der Planung an einen Investor weiter zu veräußern. Dieser realisiert dann die zuvor durch den Projektentwickler geplante Immobilie. Um dies jedoch zu ermöglichen, durchläuft der Projektentwickler zuvor einen schmerzhaften Prozess. Zuerst muss er die Politik und die Stadtplanung über-zeugen, überhaupt einen Aufstellungsbeschluss für einen neuen Bebauungsplan zu erlassen. Hierfür ist es bei Großprojekten notwendig, die Öffentlichkeit so früh wie möglich über das Projekt zu informieren und mit in den Planungspro-zess einzubinden. Zusätzlich muss er beispielsweise die geforderten Gutachten für Umwelt, Artenschutz, Verkehrsplanung und Lärmschutz bei externen Spezia-listen beauftragen und deren Erstellung koordinieren. Hinzu kommt bei großen Projekten die Erstellung von städtebaulichen Wettbewerben, welche zuvor meis-tens in einem städtebaulichen Vertrag mit dem jeweiligen Bezirksamt vereinbart wurden. Da sich das Ergebnis dieser Wettbewerbe vom Projektentwickler selbst nur schwer beeinflussen lässt, ist auch hier ein erhöhtes Risiko gegeben. Daher sollte der Projektentwickler versuchen, ihm vertraute Planungsbüros für die Teil-nahme am städtebaulichen Wettbewerb aufzufordern. Ist der Wettbewerb dann erfolgreich entschieden und die Gutachten erstellt, so erfolgt in der Regel die Beteiligung der Träger öffentlicher Belange. Sämtliche Ämter wie beispielsweise das Naturschutzamt und das Straßenverkehrsamt, werden aufgefordert, Stellung zu dem jeweiligen Projekt zu beziehen. Hieraus ergeben sich häufig Überarbei-tungswünsche, welches im Projektentwicklungsprozess zu Verzug führt. Nicht selten dauern Bebauungsplanverfahren mehr als fünf Jahre. Grund hierfür ist auch, dass in der Regel nicht nur der Bebauungsplan, sondern auch der Flä-chennutzungsplan geändert werden muss. Somit ist die Baurechtsschaffung ein zeitlich intensiver Projektabschnitt im Projektentwicklungsprozess von Immo-bilien. Sie beinhaltet aber auch die größte Wertschöpfung und ermöglicht dem Projektentwickler einen erfolgreichen Projektverkauf.

4.2.4 Planung

Grundlage für eine erfolgreiche Baurechtsschaffung ist eine nutzerorientierte und sozialverträgliche Planung. Sie beginnt mit dem städtebaulichen Konzept und der Einfügung der Immobilie in die Umgebung. Sie endet mit der Bemusterung der einzelnen Baumaterialien und der individuellen Anpassung der Raumpla-nung nach den Anforderungen des späteren Nutzers. Die städtebauliche und architektonische Planung ist die Grundvoraussetzung für die Realisierung eines Bauvorhabens. Der Projektentwickler muss den Planungsprozess selbstständig initiieren, und bis zur Realisierung der Immobilie überwachen. Hierbei muss er einen ständigen Überblick über die Kosten, die Qualität und die Termine der einzelnen Planungsschritte gewährleisten.

Bei der Immobilien-Projektentwicklung beginnt die Planung im Regelfall vor Grundstücksankauf. Wurde ein potenzielles Grundstück gefunden, beauftragt der Projektentwickler wie bereits unter Abschn. 4.2.1 beschrieben, einen Architekten mit der Überprüfung der Realisierbarkeit. Anhand einer planerischen Machbarkeitsstudie wird die Bebaubarkeit und die Ausnutzung des Grundstücks durch den Architekten geprüft. Bei großen Quartiersplanungen wird zusätzlich zum Architekten ein Stadtplanungsbüro hinzugezogen. Oft umfassen städtebauliche Konzepte aber auch das Leistungsspektrum professioneller Architekturbüros. So kann der Architekt sowohl die städtebauliche Planung als auch die Gebäudeplanung für jeden einzelnen Baukörper übernehmen. Somit ist der Architekt einer der wichtigsten Partner des Projektentwicklers im Entwicklungsprozess. Zur Aufgabe des Architekten gehört auch, den Gebäudeentwurf gemäß den Anforderungen der politischen Gremien sowie der Öffentlichkeit zu gestalten und gegenüber ihnen auch zu vertreten.

Infolgedessen ist bei der Auswahl des Architekten auf bereits realisierte Referenzobjekte zu achten. Schließlich sind Architekturbüros in der Regel auf gewisse Nutzungsklassen wie beispielsweise Hotelimmobilien oder Wohnimmobilien spezialisiert. Je nach individuellen Projektanforderungen, sollte der Projektentwickler das Architekturbüro auswählen. Des Weiteren ist es vorteilhaft, ein bei den Genehmigungsbehörden am Standort bekanntes Architekturbüro zu beauftragen. Dabei sollte die Beauftragung von Architekten immer phasenweise gemäß der „Honorarordnung für Architekten und Ingenieure (HOAI)" gestaffelt werden. Somit macht es Sinn, ein entwurfsstarkes Architekturbüro speziell für die Leistungsphasen 1–4 gemäß HOIA zu beauftragen.

Wurde dann die Baugenehmigung nach Fertigstellung der Leistungsphase 4 erfolgreich erteilt, kann der Folgeauftrag an ein realisierungsstarkes Architekturbüro für die Leistungsphasen 5–9 vergeben werden. Auch bezüglich der einzelnen Leistungsphasen unterliegen Architekturbüros gewissen Schwerpunkten. Diese kann sich der Projektentwickler für sein Projekt zu Nutze machen. Insgesamt ist der Planungsprozess einer der risikovollsten Schritte in der Immobilien-Projektentwicklung. Um spätere Vermarktungsrisiken zu eliminieren, muss eine nutzerorientierte Planung für den jeweiligen Standort und die dort vorhandene Zielgruppe gewährleistet werden. Demnach macht es keinen Sinn, 120 m² große Wohnungen an einem Standort zu planen, wo nur 60 m² Wohnungen nachgefragt werden. Folglich ist die Planung des Architekten ständig mit der Standort- und Marktanalyse des Projektentwicklers abzugleichen.

Intelligente Gebäudekonzepte sind heute vor allem nutzerbezogen. Sie passen sich baulich hervorragend in ihre Nachbarschaft ein und vermeiden so öffentliche Protestaktionen. Gleichzeitig bieten sie dem späteren Nutzer der Immobilie ein zukunftsorientiertes Konzept, das aufgrund der intelligenten und kostenoptimierten Auswahl von Baustoffen auch bezahlbar ist. Es macht keinen Sinn, hochwertige Eigentumswohnungen an einem sozialen Brennpunkt zu planen. Folglich muss der Projektentwickler gemeinsam mit dem Architekten das richtige Produkt für den jeweiligen Standort genau definieren. Dieses ist die Haupt-Herausforderung einer erfolgreichen Gebäudeplanung.

4.2.5 Realisierung

Ist die Entwurfsplanung fertiggestellt und die Baugenehmigung erteilt, beginnt der Projektentwickler mit der Realisierung der Immobilie. Zuvor könnten bereits vorbereitende Maßnahmen, wie beispielsweise das Fällen von Bäumen auf dem Grundstück oder der Abriss von Bestandsgebäuden stattfinden. Die eigentliche Projektrealisierung beginnt in der Regel mit der Herstellung der Baugrube. Der Baugrube ist im Realisierungsprozess eine besondere Aufmerksamkeit zu schenken. Ganz nach dem Motto „das meiste Geld vergräbt man in der Erde", ist ihre Herstellung mit einem erhöhten Kostenrisiko verbunden. Wurden Grundwasserstand und Bodenqualitäten im zuvor erstellten Gutachten falsch dokumentiert oder sind bei der Planung des Baugrubenverbaues Fehler unterlaufen, explodieren oft die Herstellungskosten. Um dieses zu vermeiden, ist eine detaillierte Ausführungsplanung der Baugrube notwendig und kann deren kostenoptimierte Umsetzung gewährleisten.

Bei kleineren Immobilienprojekten bietet es sich an, dass der Projektentwickler selbst die Steuerung von Kosten, Terminen und Qualitäten im Realisierungsprozess übernimmt. Bei größeren Bauprojekten sollte hierfür ein externer Projektmanager beauftragt werden. Nur so kann die zielorientierte Koordination aller am Bau beteiligten Gewerke gewährleistet werden. Zusätzlich ist je nach Projekt die strategische Entscheidung gesondert zu treffen, ob ein Bauprojekt von einem Generalunternehmen schlüsselfertig erstellt wird oder in einzelnen Gewerken ausgeschrieben wird. Je nach Marktlage, Standort und Projektgröße muss diese Entscheidung individuell getroffen werden. Zusätzlich sollte hierbei die technische Spezialisierung des Projektentwicklers berücksichtigt werden. Ist nur wenig technisches Wissen im eigenen Haus vorhanden, ist gegebenenfalls ein Generalunternehmen für die Herstellung einer Immobilie zwecks Risikominimierung sinnvoll. Oft ist diese jedoch mit einem Zuschlag an Kosten verbunden.

Der Vorteil gegenüber der Vergabe einzelner Gewerke ist jedoch, dass der Projektentwickler für den Realisierungsprozess nur einen Ansprechpartner hat und Kosten und Fertigstellungstermin vertraglich vereinbart. Der Generalunternehmer verpflichtet sich durch seinen Vertrag, die Immobilie am vereinbarten Termin schlüsselfertig zu übergeben. Das vertragliche Risiko, bezogen auf spätere termingerechte Nutzung, sinkt damit messbar.

Insgesamt betrachtet, muss der Projektentwickler im Realisierungsprozess den Überblick über das große Ganze behalten. Er muss ständig überprüfen, ob das von ihm gewünschte und durch den Architekten geplante Immobilienprodukt durch die Baufirma auch umgesetzt wird. Dabei sollte er sein Augenmerk insbesondere auf die Qualität der Materialien und handwerkliche Ausführung legen, weil eine hohe Nachhaltigkeit für den späteren Nutzer signifikant wichtig ist.

Nachhaltigkeitsanforderungen an Immobilienprojekte steigen seit Jahren rasant an. Da der Projektentwickler sein Bauprojekt gewinnbringend veräußern möchte, muss er auch die Nachhaltigkeitsanforderungen möglicher Investoren bei der Projektrealisierung beachten. Großinvestoren, wie beispielsweise Asset Manager, Pensionskassen und Versorgungswerke haben heute in ihrem Portfolio ganz eigene Anforderungen an die Immobilien. Somit kaufen sie auch nur Objekte von Projektentwicklern an, die ihren Nachhaltigkeitsanforderungen genügen. Je nach Standort und Nutzungskategorie der Immobilien sollte diese mit einem Nachhaltigkeitszertifikat gemäß DGNB, LEED oder Breeam zertifiziert sein.

Hinzu kommen heute ESG-Anforderungen, welche ebenfalls erfüllt werden müssen und zusätzlich zu den Nachhaltigkeitskriterien noch das Thema der sozialen Verträglichkeit beinhalten. Die zuvor definierten Nachhaltigkeitsstandards müssen im Realisierungprozess also ständig nachverfolgt werden. Nur so kann eine erfolgreiche Umsetzung gewährleistet werden. Zusätzlich zu den Nachhaltigkeitsstandards sind auch die Materialwünsche der Stadtplanung bei der Realisierung zu berücksichtigen. Wurden zuvor Abstimmungen bezüglich Gestaltung und Materialität von Fassaden getroffen, muss deren exakte Realisierung auch gewährleistet werden. Im schlechtesten Fall kann es sonst zu einem Baustopp kommen, da die Baubehörde ihre Genehmigung für das Bauprojekt zurückzieht. Um dies zu vermeiden, sollte der Projektentwickler gemeinsam mit dem Architekten die Materialität des Gebäudes vor Ort bemustern und Einvernehmen mit der Genehmigungsbehörde bewirken. Je nach Projektgröße müssen Musterflächen und -fassaden erstellt werden.

4.2.6 Nachhaltigkeitsanforderungen

Die Nachhaltigkeitsanforderungen an Immobilien haben im letzten Jahrzehnt deutlich an Bedeutung gewonnen. Spätestens seit der Fridays for Future-Bewegung und den internationalen Klimakatastrophen der letzten Jahre wurde die Immobilienwirtschaft für das Thema Nachhaltigkeit sensibilisiert. Aus diesem Grund kaufen viele Investoren heute nur noch „grüne Immobilien" an. Infolgedessen sind Nachhaltigkeitszertifikate zum Standardwerkzeug bei der Realisierung von Projektentwicklungen geworden. Hinzu kommt jetzt das Thema ESG (Environmental, Social, Governance), welches neben den ökologischen Aspekten auch soziale Ziele mit einem hohen Maß an unternehmerischer Verantwortung beinhaltet. Hintergrund ist die Klimaneutralität der Wirtschaft bis 2050, an die sich Deutschland durch das Pariser Klimaschutzabkommen von 2015 gebunden hat. Damit sind auch Immobilieninvestoren verpflichtet, ihre Portfolien in Zukunft klimaneutral zu gestalten.

Folglich ist es momentan die größte Herausforderung der Immobilienwirtschaft, alle Gebäudebestände bis zum Jahr 2030 zu optimieren und bis 2050 CO_2-neutral auszurichten. Grund hierfür ist, dass die Immobilienwirtschaft für ein Drittel des gesamten CO_2-Ausstoßes in Deutschland verantwortlich ist (ECORE, 2021, S. 1 f.). Zwar ist dieser Wert gemäß dem Umweltbundesamt (2021) seit 1990 rückläufig; er kann jedoch nur mithilfe der Immobilien-Projektentwicklung weiter reduziert werden. Insbesondere bei der Herstellung von Gebäuden kann die Einhaltung von Nachhaltigkeitsstandards einen erheblichen Beitrag für unsere Umwelt leisten. Somit werden insbesondere Neubauten bereits seit Jahren bei ihrer Herstellung mit Nachhaltigkeitszertifikaten zertifiziert. Diese Zertifikate sind für den Projektentwickler erst einmal eine zusätzliche Investition, jedoch können Sie den Wert der Immobilie erhöhen und das Investoreninteresse steigern. Denn für Investoren sind Nachhaltigkeitszertifikate ein gutes Hilfsmittel zur Qualitätsmessung einer Immobilie. In Deutschland sind am Immobilienmarkt vor allem die drei nachfolgenden Zertifizierungssysteme präsent:

- DGNB (Deutsche Gesellschaft für Nachhaltiges Bauen)
- LEED (Leadership in Energy and Environmental Design)
- BREEAM (Building Research Establishment Environmental Assessment Methodology)

Ein Zertifizierungssystem, welches auch das Thema ESG gemäß dem Pariser Klimaschutzabkommens und dem *Action Plan on Sustainable Finance* der EU abbildet, befindet sich momentan noch in der Entwicklung. Der ESG Circle

of Real Estate (ECORE) hat hierfür bereits gemeinsam mit seinen 40 Part-
nerunternehmen einen ganzheitlichen Kriterienkatalog entwickelt. Das hierdurch
entstandene ESG-Scoring-Modell verknüpft immobilienrelevante ESG-Kriterien
mit den politischen Nachhaltigkeitsvorgaben der EU. Mithilfe des Modells können Projektentwickler und Investoren in Zukunft ermitteln, inwieweit ihr Gebäude
die heutigen ESG- Standards und Klimaziele erfüllt (ECORE, 2021). Schlussendlich werden die Nachhaltigkeitsanforderungen im Projektentwicklungsprozess
weiter steigen. Hierbei wird insbesondere die soziale Verantwortung bei der Realisierung von Immobilienprojekten weiter an Relevanz gewinnen. Nur so können
dauerhaft nachhaltige Gebäude generationsübergreifend genutzt werden.

4.2.7 Projektentwicklung im Bestand

Die Projektentwicklung im Bestand ist ein Zukunftsfeld. Aufgrund der fehlenden
Flächenverfügbarkeit verlagern sich Projektentwicklungsleistungen von Neu-
bauimmobilien auf Bestandsimmobilien. Insbesondere bei Gewerbeimmobilien ist
ein deutlicher Trend zur baulichen Transformation zu beobachten. Der Strukturwandel und die Veränderungen industrieller Prozesse erfordern das Umgestalten
vieler gewerblich genutzter Immobilien. Hinzu kommt die Verdrängungen im
Einzelhandel durch den zunehmenden Onlinehandel sowie die steigende Quote
an Home-Office-Arbeitsplätzen. Aufgrund der großen Transformationen, und
der Veränderung der Flächeninanspruchnahme von Unternehmen, beinhalten
Bestandsimmobilien ein hohes Zukunftspotenzial für Projektentwickler.

Anders als bei Neubauprojekten, ist der Projektentwicklungsprozess von
Bestandsimmobilien allgemein intransparenter. Viele Risiken sind zu Beginn der
Projektentwicklung noch nicht abschätzbar. Umso wichtiger ist es, den vorhandenen Gebäudebestand inklusive der Beschaffenheit des Grundstücks, mithilfe
von Fachgutachtern genauestens zu untersuchen. Risiken wie beispielsweise
asbesthaltige Baumaterialien oder zu geringe Brandschutzüberdeckungen bei
bestimmten Bauteilen, im Erdreich entsorgte Bauabfälle oder die Verunreini-
gung des Grundwassers stellen enorme Kostenrisiken dar. Hinzu kommt, dass
viele erhaltungswürdige Bestandsimmobilien unter Denkmalschutz stehen. Der
Denkmalschutz stellt aufgrund seiner hohen Kostenintensität eines der wesentlichen Risikofaktoren bei der Projektentwicklung im Bestand dar. Sämtliche
Planungs- und Realisierungs-Maßnahmen müssen mit dem Denkmalschutz abgestimmt werden. Dieser bezieht sich oft nicht nur auf das Gebäude, sondern auch
auf Bodendenkmäler wie ehemalige Bahn- und Handelswegtrassen oder histori-
sche Kopfsteinpflasterungen. Hinzu kommt ggf. auch der Schutz des ehemaligen

Architekten und seines Gebäudeentwurfes durch das Urheberrecht. Architektur-
entwürfe von Bestandsimmobilien unterliegen häufig dem geistigen Eigentum des
ursprünglichen Architekten und dürfen ohne dessen Zustimmung nicht wesentlich
verändert werden.

Trotz der vorhandenen Risiken beinhaltet die Projektentwicklung im Bestand
wichtige Vorteile. Zum einen befinden sich Bestandsimmobilien häufig an einem
guten Standort und gleichzeitig ist bereits das Baurecht vorhanden. In solchen
Fällen ist es dem Projektentwickler möglich, die Immobilie nach einer erfolgreichen Revitalisierung schnell wieder am Investorenmarkt zu platzieren. Die
Projektumsetzung ist aufgrund des vorhandenen Baurechts und des bereits geneh-
migten Bestandsgebäudes oftmals wesentlich schneller als bei Neubauprojekten
möglich.

Projektvermarktung 5

5.1 Projektentwicklungsmarkt

5.1.1 Marktentwicklung in Deutschland

Bereits seit Ende der 90er Jahre ist die Marktentwicklung auf dem deutschen Immobilienmarkt sehr positiv. Infolgedessen ist auch die Nachfrage nach Projektentwicklungen stetig gestiegen. Hintergrund ist das große Investoreninteresse nach Anlagemöglichkeiten im Immobiliensektor. Im Gegensatz zu anderen Anlageklassen bieten Immobilien momentan stabile Renditen. Ein zusätzlicher Gewinnfaktor ist das Niedrigzinsniveau und die hohe Flächennachfrage. Diese ist insbesondere auf die gute Wirtschaftslage in Deutschland und den hohen Zuzug aus dem Ausland zurückzuführen. Des Weiteren ist der Pro-Kopf-Verbrauch an Wohnfläche in letzten Jahrzehnten erheblich gestiegen. Gemischt mit der vorhandenen Urbanisierung entsteht ein Wohnungsmangel, der zum gesellschaftlichen Problem wird. Somit verfügt heute fast jede Stadt in Deutschland über einen Mangel an Wohnraum. Aus diesem Grund wurden die letzten Jahre bereits viele neue Wohnquartiere von Projektentwicklern entwickelt und anschließend an Investoren veräußert. Der Wohnungsmarkt bietet aufgrund der momentanen Coronakrise sichere Anlagemöglichkeiten für Großinvestoren. Insbesondere die hohen Wertsteigerungen der letzten Jahre locken professionellen Anleger. Für Projektentwickler bietet der Wohnungsbau seit Jahren ein ständig wachsendes Investitionsfeld.

Hinzu kommen Strukturveränderungen in der Industrie, die viele Gewerbeimmobilien Infragestellen und eine bauliche Transformation mit sich führen. Deutsche Großunternehmen werden in Zukunft aufgrund der Digitalisierung

G. N. Köster, *Projektentwicklung von Immobilien*, essentials, https://doi.org/10.1007/978-3-658-35876-1_5

ca. 30 % weniger Flächen benötigen. Die bei diesem Prozess freiwerdenden Unternehmensstandorte bieten lukrative Chancen für Projektentwickler mit guten Ideen. Ein weiterer Markt öffnet sich, wie bereits beschrieben, durch die Verdrängung des Einzelhandels aus den Innenstädten in Folge des ständig weiterwachsenden Onlinehandels. Viele innerstädtische Einzelhandelsimmobilien müssen jetzt neuen Nutzungen zugeführt werden. Obwohl viele Geschäftsmodelle im Einzelhandel nicht zukunftsfähig sind, ist die Investorennachfrage nach Einzelhandelsimmobilien in sehr guten Innenstadtlagen nach wie vor hoch.

Ein zusätzlicher Markt für Projektentwicklung bietet die Hotellerie. Durch die steigenden Touristikzahlen in Deutschland ist unabhängig von der momentanen Ausnahmesituation ein hohes Investoreninteresse an Hotelimmobilien zu verzeichnen. Auch wenn Experten momentan davon ausgehen, dass die Reisetätigkeit im Berufsleben allgemein rückgängig ist, werden dennoch viele neue Hotels entstehen. Hintergrund ist vor allem der Trend hin zu Kurzreisen und Städtetrips im eigenen Land. Das Problem bei der Projektentwicklung von Hotelimmobilien ist jedoch das hohe Ausfallrisiko, da der Projektentwickler bei diesen Immobilientyp in der Regel nur einen Mietvertrag abschließt.

Obwohl das gleiche Prinzip im Logistiksektor herrscht, erfreuen sich Logistikimmobilien einer sehr hohen Investorennachfrage. Hintergrund ist der zunehmende Onlinehandel und die hohe Nachfrage nach zentrumsnahen Logistikzentren. Logistikimmobilien sind gegenwärtig ein aufstrebender Markt für Immobilien-Projektentwickler. Es ist davon auszugehen, dass dieser Markt weiterhin wächst und trotz fehlender Grundstücksverfügbarkeit viele neue Projektentwicklungen am Immobilienmarkt platziert werden. Insgesamt ist der Markt für Projektentwicklungen momentan stabil und zukunftsorientiert. Er wird zusätzlich gestärkt durch die hohe Nachfrage der internationalen Investoren. Deutschland ist ein politisch sicheres Land, in dem grundsätzlich jeder Investor investieren kann. Allein dies macht deutsche Projektentwicklungen bei ausländischen Investoren sehr beliebt.

5.1.2 Investorenanforderungen

Genau wie das Investoreninteresse sind auch die Investorenanforderungen in den letzten Jahren ständig gestiegen. Je nach Renditeanforderungsprofil stellen Immobilieninvestoren heute besondere Ansprüche an den Ankauf von Projektentwicklungen. Wichtig für den Projektentwickler ist hierbei, dass seine Projektentwicklung genau in das Anlageprofil möglichst vieler Investoren passt. Dies erhöht beim Projektverkauf den Bieterkreis und trägt damit zur Maximierung des

Verkaufserlöses bei. Umso teurer ein Projektentwickler sein Projekt schließlich veräußert, umso höher ist sein Trading Profit. Daher muss der Projektentwickler sich bereits zu Beginn der Projektentwicklung über das Investitionsprofil unterschiedlicher Investorentypen informieren. In der Regel verfügen diese über ein Anlageprofil, welches beispielsweise die folgenden Mindestanforderungen beinhaltet:

- **Standort:** Top-7-Städte in Deutschland
- **Investitionsvolumen:** 20 bis 200 Mio. €
- **Immobilientypen:** Büro- und Logistikimmobilien
- **Gebäudestruktur:** flexible einteilbar
- **Vorvermietungsstand:** min. 60 %
- **Mietvertragslaufzeiten:** min. 5 Jahre
- **Risikoprofil:** Core Plus
- **Ankaufsrendite:** min. 4 %
- **Nachhaltigkeitsstandard:** DGNB-Gold oder vergleichbar
- **Transaktionsart:** wenn möglich als Forward Deal

Somit verfügen professionelle Immobilieninvestoren über eine Vielzahl von Anforderung an den Ankauf einer Projektentwicklung. Dabei ist es egal, ob sich das Gebäude noch in der Planung befindet oder schon realisiert wurde. Je früher der Projektentwickler den späteren Käuferkreis seiner Immobilie identifiziert hat, desto besser kann er diese im Realisierungsprozess auf das Anlagenprofil der Investoren zuschneiden. Damit sinkt das Risiko im Projektentwicklungsprozess erheblich. Eine Recherche möglicher Investoren der Anlagenprofile ist damit unumgänglich. Im Regelfall werden diese online veröffentlicht, um die unternehmenseigene Philosophie von Immobilienanlageprodukten möglichst transparent nach außen zu kommunizieren. Dieses bietet eine gute Hilfestellung für Projektentwicklungsunternehmen. Grund hierfür ist vor allem, dass sich die Suchkriterien nach Immobilienprodukten erheblich unterscheiden können. So kaufen manche Investoren nur Gebäude an, die maximal zu 75 % vermietet sind. Aufgrund ihrer guten Kontakte zu potenziellen Mietern, wollen sie die letzten 25 % bis zur Vollvermietung selbst steuern. Hierdurch versprechen sie sich eine zusätzliche Wertsteigerung des Gebäudes, durch Abschluss eines selbst verhandelten Mietvertrages. Ein weiteres wichtiges Kriterium ist die Gebäudestruktur, auf die im Planungsprozess besonders geachtet werden muss. Eine Vielzahl von Investoren ist bereit, für ein flexibles Gebäude, welches seine Nutzung anpassen kann, einen höheren Kaufpreis zu zahlen. Hintergrund ist das sinkende Risiko im Lebenszyklus der Immobilie. Hinzu kommen die bereits unter

Abschn. 4.2.4 beschriebenen Nachhaltigkeitsanforderungen, welche von Investoren gefordert werden. Neben den klassischen Nachhaltigkeitszertifikaten wie
beispielsweise DGNB-Gold wird zunehmend die Einhaltung von ESG-Kriterien
von Investoren gefordert. Auch wenn es momentan hierfür noch kein einheitliches
Bewertungssystem auf dem deutschen Immobilienmarkt gibt.

5.1.3 Zusammenarbeit mit Maklern

Die kooperative Zusammenarbeit mit Maklerunternehmen stellt für den Projektentwickler einen wesentlichen Erfolgsfaktor dar und ist zurückzuführen auf die
fehlende Transparenz auf dem deutschen Grundstücksmarkt. Hinzu kommt die
allgemein geringe Flächenverfügbarkeit in innerstädtischen Lagen. So gibt es
in deutschen Großstädten kaum noch bebaubare Grundstücke, die nicht bereits
mit Altbeständen belegt sind. Ein kooperativer Austausch zwischen Immobilien-
Projektentwicklern und Immobilien-Makler ist damit unabdingbar. Insbesondere
Kooperationsmodelle, die dem Makler die Vermarktung der fertiggestellten
Immobilie zugestehen und dem Projektentwickler den schnellen Zugriff auf das
Grundstück gewährleisten, können eine Win-Win-Situation ergeben.

Des Weiteren sollten bei der Erschließung neuer Immobilienmärkte vor allem
die jeweiligen Immobilienmakler am Standort analysiert und zu einer Projektpartnerschaft ermutigt werden. Der Projektentwickler kann schließlich erheblich von
ihrem Wissensvorsprung über die einzelnen Teilmärkte profitieren. Gleichzeitig
kann er sein Unternehmen als Abnehmer von entwicklungsfähigen Grundstücken
in den Maklerhäusern präsentieren. Hierfür bieten sich sogenannte „Maklerrun-
den" an, bei denen der Projektentwickler beispielsweise in einer neuen Stadt
sich und sein Unternehmen repräsentiert. Ein zuvor definiertes Suchprofil für den
Ankauf der gesuchten Grundstücke ist hierfür hilfreich. Als Beispiel werden im
Folgenden die wesentlichen Inhalte eines Ankaufsprofils für entwicklungsfähige
Grundstücke dargestellt:

- **Standort:** Hamburg oder Berlin
- **Grundstücksgröße:** ab 2000 m^2
- **Grundstücksnutzung:** Wohnen und Büro
- **Lage:** Innenstadt und Stadtrand mit ÖPNV-Anschluss
- **Baurecht:** Ankauf mit und ohne Baurecht
- **Substanz:** freie Grundstücke und Bestandsimmobilien mit Entwicklungspo-
  tential

Je genauer der Projektentwickler sein Ankaufsprofil definiert, je einfacher ist später die Prüfung der eingehenden Angebote. Gleichzeitig darf er das Suchprofil nicht zu stark eingrenzen. Ansonsten kann es vorkommen, dass einzelne Angebote durch den Makler bereits aussortiert werden, obwohl diese für den Projektentwickler von Interessen sind. Gleiches gilt für die Standorte. Viele Projektentwicklungsunternehmen in Deutschland mit der Durchführung Ihrer Projekte nicht mehr an den Standort gebunden. Sie entwickeln ihre Projekte überregional und benötigen daher auch ein weit gespanntes Netzwerk und damit gute Kontakte zu Immobilienmaklern vor Ort. Nur so kann es ihnen gelingen den Immobilienmarkt in der jeweiligen Region wirtschaftlich einzuschätzen, umso eine bebauende Fläche erfolgreich zu akquirieren. Gleichzeitig zu den Maklerunternehmen sollten Projektentwickler aber auch umfangreiche Kontakte zu großen Bestandshaltern von Immobilien pflegen. Oft beinhalten deren Portfolios noch Entwicklungsflächen oder nicht rentable Bestände werden abgestoßen. Gleiches passiert momentan in der deutschen Industrie. Aufgrund der Verlagerung von Produktionslinien in Niedriglohnländer, werden immer mehr Werksgelände veräußert und durch Projektentwickler neu entwickelt. Unternehmen, die an einem Standort nicht mehr expandieren können, sind zunehmend bereit, ihr Grundstück beispielsweise für den Wohnungsbau zu verwerten. Diese Transformation der Industrie beinhaltet viel Projektentwicklungspotenzial. Daher sollten auch hier Projektentwickler die Kontakte zu Grundstückseigentümern in Form von Produktionsunternehmen pflegen.

5.2 Vermarktungsstrategien

5.2.1 Nutzersuche

Die Nutzersuche ist wesentlicher Bestandteil der erfolgreichen Vermarktung einer Projektentwicklung. Denn im Regelfall veräußerte der Projektentwickler sein Projekt erst, sobald der Mietvertrag mit den potenziellen Nutzern des Gebäudes abgeschlossen wurde. Der Grund hierfür ist, dass Investoren ihre Investitionsobjekte anhand der Mietverträge bewerten, die der Projektentwickler mit den jeweiligen Mietern der Immobilie abgeschlossen hat. Somit ist die frühzeitige Nutzersuche und der Abschluss von Mietverträgen wesentlicher Bestandteil der Wertmaximierung einer Immobilien-Projektentwicklung. Folglich ist es das Ziel des Projektentwicklers, Nutzer zu finden, die für den Standort und die Qualität seines Gebäudes bereit sind, die höchste Miete zu zahlen und gleichzeitig den längsten Mietvertrag abzuschließen. Dieses ist schließlich ein wesentliches Argument für den erfolgreichen Verkauf seiner Projektentwicklung an einen Investor. Um die hierfür notwendigen Nutzer bereits im Projektentwicklungsprozess zu akquirieren, sollten die folgenden Projektschritte in der lokalen Presse publiziert werden:

- Grundstücksankauf
- Nutzer-Zielgruppen
- Ergebnisse von Architekturwettbewerben
- Darstellung der Gebäudeplanung
- Erhalt der Baugenehmigung
- Grundsteinlegung
- Richtfest
- Vermietungsstand
- Fertigstellung und Eröffnung (Köster 2018, S. 104).

Zusätzlich zur Publikation einzelner Projektschritte und der Zielgruppen späterer Nutzer spielt auch die Zusammenarbeit mit Immobilienmaklern bei der Nutzersuche eine erfolgsentscheidende Rolle. Professionelle Maklerunternehmen pflegen in der Regel gute Kontakte zu potenziellen Nutzern von Großprojekten. Somit sollte der Projektentwickler schon in frühen Projektphasen die Suche nach potenziellen Nutzern seiner Immobilie starten und dabei stets den Austausch mit professionellen Maklerunternehmen suchen. Die bereits in Abschn. 5.1.3 beschriebene, kooperative Zusammenarbeit kann auch bei der Nutzersuche ein wichtiger Wettbewerbsfaktor gegenüber Konkurrenzprojekten sein.

Ergänzend zur eigentlichen Nutzersuche muss der Projektentwickler sich auch möglichst früh mit den Gebäudeanforderungen der möglichen Nutzer vertraut machen. Dies sollte bereits zu einem frühen Planungsstadium erfolgen. Nur dann ist es möglich, Ihre baulichen Anforderungen an die Qualität der Immobilie noch in den Planungsprozess einfließen zu lassen. Werden die Nutzer der Immobilie erst zu einem späten Zeitpunkt durch den Mietvertrag an das Gebäude gebunden, stellt dies ein Risikofaktor im Bauprozess dar und verursacht in der Regel zusätzliche Kosten. Diese entstehen insbesondere durch Änderungswünsche aufgrund ihrer unternehmenseigenen Flächenanforderungen. Folglich kann ein zu später Abschluss von Mietverträgen im Projektentwicklungsprozess erhebliche Kosten und Zeitrisiken für das Gesamtprojekt beinhalten. Daher sollte die Suche nach einem potenziellen Mieter der realisierten Immobilie bereits vor Grundstücksankauf erfolgen. Denn je früher der Projektentwickler einen Mietvertrag abschließt, je früher kann er sein Projekt erfolgreich veräußern.

5.2.2 Exit-Strategien

Exit-Strategien beschreiben die unterschiedlichen Möglichkeiten zur strategischen Veräußerung einer Projektentwicklung. Sie unterscheiden sich hauptsächlich nach dem Zeitpunkt, zu dem ein Projektentwickler sein Projekt verkauft. Aufgrund der hohen Investorennachfrage am Immobilienmarkt, werden heute immer mehr Projekte bereits vor Fertigstellung als „Forward Deal" veräußert. Diese und weitere Transaktionsarten werden in Abschn. 5.2.3 weiterführend erläutert. In der folgenden Abb. 5.1 werden die drei unterschiedlichen Exitstrategien in der Projektentwicklung dargestellt und erklärt. Zur Vereinfachung stellen die Kreisdiagramme den Fertigstellungsgrad der Immobilie dar.

Somit bieten sich im Projektentwicklungsprozess in der Regel drei Möglichkeiten für einen erfolgreichen Projektausstieg an. Umgangssprachlich werden diese auch als Exit-Strategien bezeichnet. Bei Variante 1 sichert der Projektentwickler lediglich das Grundstück und schafft das Baurecht. Anschließend verkauft er seine Entwicklung inklusive der Gebäudeplanung an einen Investor. Dieser realisiert dann wiederum das Gebäude auf eigene Kosten. Zusätzlich zum Grundstück und zum Baurecht sichert der Projektentwickler bei Variante 2 noch den Mietvertrag mit dem späteren Nutzer der Immobilie. Erst nach erfolgreichem Mietvertragsabschluss verkauft er seine Projektentwicklung als Forward-Deal an

 1
 2
3

Projektentwickler sichert Grundstück und Baurecht. Anschließend verkauft er seine Projektentwicklung ink. Planung an einen Investor.

Projektentwickler sichert Grundstück, Baurecht und Mieter. Dann verkauft er als Forward-Deal an einen Investor und realisiert für diesen die Immobilie.

Projektentwickler entwickelt auf eigenes Risiko bis zur Fertigstellung der Immobilie. Später verkauft er das vermietete Objekt an einen Investor.

Abb. 5.1 Exit-Strategien zur Projektentwicklung. (Quelle: Eigene Darstellung)

einen Investor. Für diesen übernimmt er jedoch noch die Realisierung des Gebäudes bis zur Übergabe. Bei Großprojekten ist dies heute die häufigste Form einer
Exit-Strategie, welche von Projektentwicklern umgesetzt wird. Hintergrund ist,
dass zu diesem Zeitpunkt das Verhältnis zwischen Risiko und Rendite meist am
sinnvollsten erscheint.

Hingegen können spekulative Projektentwicklungen wie in Variante 4 dargestellt, nur von Projektentwicklungsunternehmen mit einer hohen Eigenkapital-
quote durchgeführt werden. Bei dieser Variante entwickelt der Projektentwickler
die Immobilie bis zur Fertigstellung auf eigenes Risiko. Erst nach vollständiger
Realisierung und Vermietung des Projektes verkauft er dieses an einen Investor.
Dieser Fall beinhaltet zwar das höchste Risiko im Projektentwicklungsprozess,
verspricht aber auch den höchsten Projekterlös. Denn in dem Moment, wo das
Gebäude fertiggestellt wird und die neuen Mietverträge zu laufen beginnen, ist
ein wertmaximierender Moment zum Verkauf einer Projektentwicklung. Für den
Investor stellt dieser Zeitpunkt ein geringes Risiko dar, weil die Mietverträge noch
über eine lange Vertragslaufzeit verfügen und die Immobilie bereits durch den
Projektentwickler vollständig fertiggestellt wurde. Demzufolge unterscheiden sich
die unterschiedlichen Exitstrategien vor allem auch durch ihr unterschiedliches
Verhältnis zwischen Risiko und Rendite beim Projektausstieg.

5.2.3 Immobilientransaktion

Eine Immobilientransaktion beschreibt den jeweiligen Ankaufsprozess eines
Gebäudes oder eines Gebäudeportfolios mit der dazugehörigen Übertragung der
Rechte und Pflichten vom Verkäufer auf den Käufer. Damit ist die Immobilientransaktion wesentlicher Bestandteil im Projektentwicklungsprozess. Schließlich
werden Immobilien von Projektentwickler realisiert, um sie anschließend an
Investoren zu veräußern. Oftmals findet in der Projektentwicklung, wie bereits
zuvor beschrieben, der eigentliche Transaktionsprozess schon vor Realisierung
der Immobilie statt. Nun sollen die vorhandenen Möglichkeiten einer Immobilientransaktion im Kontext der Projektentwicklung dargestellt und erläutert
werden.

5.2.3.1 Forward-Deal

Der Forward-Deal ist die häufigste Art der Immobilientransaktion bei der
Projektentwicklung von Neubauten. Des Weiteren unterscheidet man nach Reimann (2020) bei Forward Deals zwischen einem einfachen Forward-Deal, auch

Forward-Purchase genannt und dem Forward-Funding Deal. Bei beiden Varianten erfolgt der Kaufvertragsabschluss bereits vor Fertigstellung des Gebäudes. Der Unterschied ist lediglich der Zeitpunkt der Kaufpreiszahlung im Projektverlauf. So geschieht die Kaufpreiszahlung beim Forward-Funding-Deal in einzelnen Raten und der Investor beteiligt sich bereits finanziell an der Projektentwicklung. Beim einfachen Forward-Deal hingegen, beteiligt sich der Endinvestor nicht monetärer an der Projektentwicklung. Er übernimmt das Objekt nach Fertigstellung vom Projektentwickler und begleicht dann den Kaufpreis. Hierfür ist eine mängelfreie Abnahme und Übergabe des Gebäudes, sowie ein erfolgreicher Einzug der Mieter, Grundvoraussetzung. Nachteil dieser Variante ist, dass die volle Kaufpreiszahlung erst nach Übergabe des Gebäudes ausgeglichen wird. Somit muss der Projektentwickler in der Regel den gesamten Projektentwicklungsprozess mithilfe von Eigenkapitalpartnern finanzieren.

Ein Forward-Funding-Deal reduziert hingegen den Eigenkapitalbedarf für den Projektentwickler. Denn bei dieser Variante findet eine Ratenzahlung meist ab Grundstücksankauf statt. Somit verringert sich die finanzielle Belastung für den Projektentwickler erheblich. Gleichzeitig wird sein Risiko minimiert und er hat die Möglichkeit zur partnerschaftlichen Umsetzung einer Projektentwicklung mit relativ wenig Eigenkapitaleinsatz.

Allgemein hat ein Forward-Deal gegenüber einem klassischen Immobilienverkauf den entscheidenden Vorteil der Planungssicherheit in einer sehr frühen Projektphase. Dieser Vorteil, gilt sowohl für den Projektentwickler als Verkäufer, wie auch für den Investor als Käufer der Immobilie. Schließlich entfällt das Risiko für den Projektentwickler zu einem späteren Zeitpunkt, keinen Käufer für sein Projekt zu finden. In der Regel ist der Kaufpreis vor Fertigstellung der Immobilie auch nicht wesentlich geringer als nach dessen Realisierung. Für den Investor hingegen bietet ein Forward-Deal die Möglichkeit, sich ein Projekt frühzeitig zu sichern. Dies bietet ihm einen wichtigen Wettbewerbsvorteil gegenüber anderen Investoren, da das Angebot an investmentfähigen Immobilien gegenwärtig gering ist (Huperz & Eichler, 2020). Ein Forward-Deal bietet nennenswerte Vorteile für Projektentwickler und Investoren und ist damit wesentlicher Bestandteil der Immobilien-Projektentwicklung geworden. Er kann sowohl als Asset-Deal oder auch als Share-Deal gestaltet werden. Diese beiden Begrifflichkeiten werden nun im weiteren Verlauf erläutert.

5.2.3.2 Asset-Deal

Der Asset-Deal beschreibt den Direktverkauf einer Immobilie. Er ist auf dem deutschen Immobilienmarkt die häufigste Form einer Immobilientransaktion.

Hierbei erwirbt der Investor die fertiggestellte Immobilie direkt vom Projektentwickler inklusive Grundstück. Bei dieser Variante der Immobilientransaktion geht
nur das Eigentum und die damit verbundenen Nutzungsrechte vom Verkäufer auf
den Käufer über. Rechte und Verpflichtungen aus der Projektgesellschaft gegenüber ausführenden Firmen, werden anders als beim Share-Deal nicht übertragen.
Es wird allein die Immobilie als reines Kauf-Objekt vom Investor erworben. Ein
Asset Deal kann auch als Forward-Deal erfolgen. In der Regel werden Asset-
Deals in der Projektentwicklung jedoch zum Ankauf von Grundstücken und
Bestandsimmobilien mit Entwicklungspotenzial genutzt. Größtes Merkmal dieser
Transaktionsart ist, dass bei einem Asset-Deal anders als beim Share-Deal, grund-
sätzlich vom Verkäufer eine Grunderwerbsteuer für die Immobilie zu zahlen ist.
Die Grunderwerbsteuer liegt in Deutschland momentan zwischen 3,5 und 6,5 %
und variiert je nach Bundesland. Damit stellt die Grunderwerbsteuer eine zusätz-
liche Kostenbelastung für Investoren dar, die diese mit Share-Deals zu umgehen,
versuchen. Infolgedessen werden Projektentwicklungen häufig als Share-Deals an
Investoren veräußert und nicht als Asset-Deals.

5.2.3.3 Share-Deal

Der Share-Deal beschreibt den Verkauf von Anteilen an einer Gesellschaft, die
wiederum Eigentümer der Immobilie ist. Hierfür bietet es sich an, die Projektentwicklung bereits von Beginn an auf einen Share-Deal auszulegen. In der
Regel wird hierfür eine Projektgesellschaft gegründet, die anschließend an einen
Investor veräußert wird. Wie bereits beschrieben, beinhaltet diese Art der Immobilientransaktion steuerliche Vorteile für den Käufer. Diese wiederum kann der
Projektentwickler dann zu seinem Verkaufspreis hinzuaddieren, wenn das Investoreninteresse am Markt groß genug Ist. Im weiteren Sinne handelt es sich
bei einem Share-Deal um den Verkauf eines Unternehmens und nicht einer
Immobilie. Das Unternehmen ist lediglich in Besitz der Immobilie. Somit kann
die Projektentwicklung als ein Unternehmen auf Zeit betrachtet werden, das
anschließend an einen Investor verkauft wird.

Bei einem Share-Deal erwirbt der Käufer also lediglich Anteile (Shares) an
einer Gesellschaft. Damit übernimmt der Käufer allerdings auch die vorab einge-
gangenen Rechte und Pflichten der Gesellschaft gegenüber Dritten. Dies können
sowohl steuerliche Verbindlichkeiten, als auch vertragliche Forderungen sein.
Hierzu zählen auch noch offene Verbindlichkeiten aus der Realisierungsphase
der Immobilie. Damit beinhaltet ein Share-Deal neben seinen Vorteilen auch ein
Risiko für Investoren (Reimann, 2020). Für den Projektentwickler hingegen ist es
ein Vorteil, nicht nur die Immobilie, sondern auch alle Rechten und Pflichten mit
zu veräußern. Sollten sich im Nachgang noch vertragliche Forderungen gegen ihn

ergeben, richten sich diese in der Regel an die Projektgesellschaft und nicht an ihn, als Unternehmer.

Ab dem 1. Juli 2021 ist jedoch das neue Grunderwerbsteuergesetzt in Kraft getreten. Dieses erschwert die Strukturierung von Share-Deals in der Immobilien-Projektentwicklung. Wenn vormals bei einem Erwerb von weniger als 95 % der Gesellschaftsanteile keine Grunderwerbsteuer anfiel, so ist jetzt nur noch der Erwerb von 89,9 % der Gesellschaftsanteile von der Grundsteuer befreit. Gleichzeitig hat sich die Haltedauer für die verbleibenden 10,1 %, der Minderheitsanteile von fünf auf zehn Jahre verlängert. Damit ist der Share-Deal für Investoren nicht mehr so interessant wie zuvor. Dennoch können Investoren auch in Zukunft 100 % einer Immobiliengesellschaft durch einen Share-Deal erwerben, ohne dass dabei Grundsteuern anfallen. Der machbare Trick ist die Strukturierung von verschachtelten Gesellschaften, die sich viele Investoren zu Nutze machen, auch wenn dieses Szenario aufgrund neuer Gesetzgebung erschwert wird.

Handlungsempfehlungen

6

Der vorliegende Text hat gezeigt, dass die Projektentwicklung von Immobilien ein komplexer Prozess ist, der vielen externen Einflüssen unterliegt. Aufgrund seiner vielen Schnittstellen zu unterschiedlichen Akteuren ist die Projektentwicklung von Immobilien eine der risikovollsten Geschäftstätigkeiten. Gleichzeitig liefert sie aufgrund großer Projektvolumen lukrative Gewinnmargen. Diese müssen jedoch immer im Verhältnis zum Projekterisiko und der sozialen Verantwortung gegenüber der Gesellschaft am jeweiligen Standort betrachtet werden. Projektentwicklungen, die von vornherein nur auf die größtmögliche Rendite für den Projektentwickler ausgerichtet werden, erweisen sich häufig als Totgeburt, weil die Unterstützung von politischen Entscheidungsträgern und der Öffentlichkeit fehlt.

Somit sollten Projektentwickler immer im Interesse des Gemeinwohls handeln, auch wenn ihre Prozesse und Entscheidungen wirtschaftlichen Rahmenbedingungen unterliegen. Schließlich realisiert kein Projektentwickler ein Projekt, das ihm nicht den notwendigen Erlös verspricht. Projektentwicklungen mit Unterstützung der Öffentlichkeit und den politischen Entscheidungsträgern lassen sich wesentlich einfacher und schneller umsetzen. Dies wiederum spart Zeit und Kosten im Projektentwicklungsprozess. Somit ist Projektentwicklung immer ein kooperativer Prozess, in dem die Interessen vieler unterschiedlicher Akteure zu einem Gesamtergebnis konstruiert werden müssen. Ergebnis ist ein dauerhaft nutzbares Immobilienprojekt, welches sowohl die Anforderungen des Nutzers, der Nachbarschaft und des Investors erfüllen müssen.

Hierfür bietet es sich heute an, bereits in frühen Phasen Projektpartnerschaften mit Grundstückseigentümern einzugehen. Grund hier ist insbesondere die fehlende Flächenverfügbarkeit, bei der eine enge Zusammenarbeit mit Immobilienmaklern zielführend sein kann. Insgesamt ist der Begriff „Joint Venture" in den letzten Jahren

© Der/die Autor(en), exklusiv lizenziert durch Springer Fachmedien Wiesbaden GmbH, ein Teil von Springer Nature 2021
G. N. Köster, *Projektentwicklung von Immobilien,* essentials,
https://doi.org/10.1007/978-3-658-35876-1_6

zu einem wichtigen Erfolgsfaktor bei der Projektentwicklung von Immobilien geworden. Er beschreibt die partnerschaftliche Zusammenarbeit mit einem oder mehreren anderen Unternehmen. Grundvoraussetzung für die Durchführung von Joint-Venture-Projektentwicklungen ist die ständige Erweiterung von persönlichen Netzwerken. Daher muss der Projektentwickler ständig offen sein, neu Akteure auf dem Immobilienmarkt kennenzulernen und partnerschaftlich mit Ihnen zusammenzuarbeiten. Nur so wird er dauerhaft erfolgreich sein. Insbesondere der Kontakt zu Eigenkapitalpartnern, wie beispielsweise Family-Offices hat aufgrund der hohen Eigenkapitalanforderungen vieler Banken an Bedeutung gewonnen. Daher muss bereits vor Grundstücksankauf ein Eigenkapitalpartner gefunden werden, der über das notwendige Ranking und Risikoprofil zur Durchführung einer Projektentwicklung verfügt.

Abschließend lässt sich festhalten, dass die Projektentwicklung von Immobilien für Einsteiger, Quereinsteiger und Studenten ein spannendes Tätigkeitsfeld bietet. Unabhängig vom Immobilientyp wird der Markt für die Projektentwicklung von Immobilien aufgrund der hohen Investorennachfrage weiter an Wachstum gewinnen. Angesichts der fehlenden Flächenverfügbarkeit wird es lediglich eine Verschiebung aus dem Neubau in den Bestand geben. Eine wichtige Chance hierfür bietet Insbesondere die Transformation der deutschen Innenstädte. Infolge des zunehmenden Online-Handels und der Wohnungsknappheit bieten deutsche Großstädte noch viel Projektentwicklungspotenzial.

Was Sie aus diesem *essential* mitnehmen können

- Unabhängig vom Gebäudetypen, bietet die Immobilien-Projektentwicklung ein spannendes Tätigkeitsfeld mit Zukunftspotenzial.
- Der Umfang von projektentwicklungsbezogenen Aufgaben ist aufgrund steigender Komplexität von Genehmigungsverfahren in den letzten Jahren stark gestiegen.
- Die zunehmende Urbanisierung und die Umstrukturierung der deutschen Wirtschaft fordern neue Immobilien und erzeugen Projektentwicklungspotenzial.
- Das steigende Investoreninteresse am deutschen Immobilienmarkt gewährleistet viele unternehmerische Möglichkeiten für Immobilien-Projektentwickler.

Literatur

Bone-Winkel, S. (1994). *Das strategische Management von offenen Immobilienfonds. Unter besonderer Berücksichtigung der Projektentwicklung von Gewerbeimmobilien.* Diss. Köln. Rudolf Müller.

Bone-Winkel, S., Orthmann, A., & Schlaich, H. (2008). Die Entwicklung einer Nutzungskonzeption als Grundstein der Projektentwicklung. In K.-W. Schulte (Hrsg.), *Handbuch Immobilien-Projektentwicklung* (3. Aufl., S. 111–131). Rudolf Müller.

Bone-Winkel, S., Focke, C., & Schulte, K.-W. (2016). Begriff und Besonderheiten der Immobilie als Wirtschaftsgut. In K.-W. Schulte, S. Bone-Winkel, & W. Schäfers (Hrsg.), *Betriebswirtschaftliche Grundlagen* (5. Aufl., S. 4–23). De Gruyter.

Brauer, K.-U. (2013). *Grundlagen der Immobilienwirtschaft. Recht – Steuern – Marketing – Finanzierung – Bestandsmanagement – Projektentwicklung* (8. Aufl.). Springer Gabler.

Brauer, K.-U. (2019). *Grundlagen der Immobilienwirtschaft. Recht – Steuern – Marketing – Finanzierung – Bestandsmanagement – Projektentwicklung* (10. Aufl.). Springer Gabler.

Bruhn, M. (2019). *Marketing. Grundlagen für Studium und Praxis* (14. Aufl.). Springer Gabler.

DGNB – Deutsche Gesellschaft für Nachhaltiges Bauen. (2021). Das DGNB System: Marktführer in Deutschland und international erfolgreich. https://www.dgnb-system.de/de/system/index.php. Zugegriffen: 10. Aug. 2021.

Diederichs, C. J. (1999). *Führungswissen für Bau- und Immobilienfachleute. Bauwirtschaft, Unternehmensführung, Immobilienmanagement, Privates Baurecht* (1. Aufl.). Springer.

Diederichs, C. J. (2006). *Führungswissen für Bau- und Immobilienfachleute. Projektentwicklung, Projektmanagement, Facility Management, Immobilienbewertung* (2. Aufl.). Springer.

Diederichs, C. J., & Preuß, N. (2020). Projektentwicklung und Immobilienmanagement. In C. J. Diederichs & A. Malkwitz (Hrsg.), *Bauwirtschaft und Baubetrieb* (3. Aufl., S. 205–280). Springer Vieweg.

ECORE – ESG Circle of Real Estate. (2021). *Immobilienwirtschaft DACH entwickelt europäischen Nachhaltigkeitsstandard ECORE.* Pressemitteilung. Köln, 09. Februar 2021.

Focke, C., & Pelzeter, A. (2016). *Art und Maß der baulichen Nutzung.* In K.-W. Schulte, S. Bone-Winkel, & W. Schäfers (Hrsg.), *Betriebswirtschaftliche Grundlagen* (5. Aufl., S. 110–128). De Gruyter.

Huperz, P., & Eichler A. (2020). *Die Renaissance der Forward Deals.* In: Die Immobilien-wirtschaft, 1. Oktober 2020 (10/2020) (S. 16–17). Haufe-Lexware.

JJL – Jones Lang LaSalle Research (Hrsg.) (2012). Immobilienmarkt – Definitionen.http:// www.jll.de/germany/de-de/Documents/research/pdf/JLL_Germany_Re-search_Definitio nen.pdf. Zugegriffen: 16. Apr. 2021.

Kinateder, T. (2011). *Projektentwicklung.* In N. B. Rottke & M. Thomas, (Hrsg.), *Immo-bilienwirtschaftslehre. Band I Management* (S. 504–531). Immobilien Manager Verlag IMV.

Köster, G. N. (2018). *Strategiemodell zur Projektentwicklung von Unternehmensimmobi-lien. Unter Einbeziehung von Immobilientypen und Standortentscheidungen in einer sich ändernden Arbeitswelt.* Bauhaus-Universitätsverlag. Diss. Weimar.

Köster, G. N. (2021). Kommunikationsstrategien zur Projektentwicklung von Immobilien. *Journal für korporative Kommunikation, 2021*(2), (S. 2–11).

Pommer, A. (2007). *Entscheidungsunterstützung in der Immobilienprojektentwicklung.* Bauhaus-Universitätsverlag. Diss. Weimar.

Preuß, N., & Schöne L. B. (2016). *Real Estate und Facility Management. Aus Sicht der Consultingpraxis.* Springer Vieweg.

Reimann, S. (2020). Projektentwicklung – Immobilientransaktionen im Bestand und For-ward Deals.https://hoganlovells-blog.de/2020/07/20/projektentwicklung-transaktionen-im-bestand-und-forward-deals/#. Zugegriffen: 13. Aug. 2021.

Rock, V., & Hennig, K. (2016). *Immobilienmarketing.* In K.-W. Schulte, S. Bone-Winkel, & W. Schäfers (Hrsg.), *Betriebswirtschaftliche Grundlagen* (5. Aufl., S. 653–714). De Gruyter.

Schäfer, J., & Conzen, G. (Hrsg.) (2013). *Praxishandbuch der Immobilien-Projektentwicklung* (3. Aufl.). Beck.

Schlamp, H. (1997). *Projektentwicklung von Gewerbeimmobilien.* In B. Falk, (Hrsg.), *Das große Handbuch Immobilien-Management.* Landsberg, Lech. Moderne Industrie.

Umweltbundesamt. (2021). Kohlendioxid-Emissionen 2020. https://www.umweltbundes amt.de/daten/klima/treibhausgas-emissionen-in-deutschland/kohlendioxid-emissionen# kohlendioxid-emissionen-im-vergleich-zu-anderen-treibhausgasen. Zugegriffen: 10. Aug. 2021.

Printed in the United States
by Baker & Taylor Publisher Services